U0045532

從勝鬘夫人與佛陀的對話中，領悟女性成佛的證道過程，這是一本女性必讀的佛法書，證明眾生平等成佛的重要經典。
證道的勝鬘夫人即是如來真子，她直接告訴云云眾生，您們每個人都具備成佛的因子，只是您是否曾向心深處探索？一切的喜悅都深藏在您的心底，請向您的自心去要求喜悅吧！

蕭振士 著

# 勝鬘經輕鬆讀

The key basis for the equality of men and women into a Buddha.

男女平等成佛的關鍵根據

史上第一部女人說的佛經

# 序言

# 序　言

印度大乘佛教各派思想影響漢地佛教最深的，應該算是如來藏思想。其中又以禪宗受影響最深，其次是華嚴宗與天台宗。因此，這套「大眾佛學」叢書，是有必要逐次介紹如來藏的經典。本書介紹的《勝鬘經》，屬於印度中期大乘時代的經典，這個時期的印度佛學思想，主要是由初期的中觀思想，逐漸向唯識思想與如來藏思想發展，嚴格地說，如來藏思想只是中期大乘思想的一個旁支，但在中國卻獨盛。

《維摩詰經》在形式上代表居士（男）修行的成就；《勝鬘經》則代表居士女修行的成就。這是《勝鬘經》在佛典中重要的形式意義。本經的形式意義當然比《維摩詰經》更重要，因爲在佛門中，女性的地位長期以來就不如男性。但勝鬘夫人以向佛求證佛學的義理，證明自己的修行成就，在形式上打破了這種長期以來桎梏的觀念。因此，《勝鬘經》其實也說明了中期大乘時代，佛門已爲廣大的平民，無分性別，開啓學佛的大門。

其次，談到本經的內容。「如來藏」一詞最早見於增一阿含經中，但賦予具體內涵的則是本經。本經解釋如來藏「如來法身不離煩惱藏名如來藏。」這句話直接講如來藏不離煩惱藏，但前題是如來法身，所以必須先看看如來法身的定義。依據本經的定義，如來法身又是「常住自性清淨，離一切煩惱藏。」「過於恆沙不離、不脫、不異，不思議佛法成就，說如來法身。」綜合這兩種不同的意義，如來藏就是自性清淨、恆常不變、不受染，成就一切佛法，但又不離世間一切煩惱。本經又用另一個角度說明如來藏：「有二種如來藏空智。世尊，空如來藏，若離、若脫、若異一切煩惱藏。世尊，不空如來藏，過於恆沙不離、不脫、不異，不思議佛法。……壞一切煩惱藏，修一切滅苦道。」要證如來藏，必須先得如來空智。這便是本經對如來藏所下的定義。

因此，如來藏一詞雖早在《增一阿含經》中即已出現，但要等到中期大乘時代，本經出現時，才對如來藏下了具體的定義與內涵，並爲如來藏思想作了系統的闡述。如來藏思想最大的特色就是圓融，前面提到的空智，即是繼承了中觀的思想。本經也同時繼承了《法華經》會三歸一的思想（詳見導讀），《法華經》是初期大乘的重要經典，力圖在小乘與大乘間作融通的工作；本經則希望融通大乘佛學的思想。這是本經充分表現「繼往」的特色。另外，本經爲如來藏思想建立系統，則是「開來」的特色。

要了解影響中國佛學最深的如來藏思想，建議讀者，《勝鬘經》是最佳的初學讀本，也是印證如來藏的基本經典。

# 目錄

# 導讀

# 導讀

《勝鬘經》有兩種漢譯本。一是南北朝印僧求那跋陀羅所譯的《勝鬘師子吼一乘大方便方廣經》，也是本書採用的版本；一是唐朝菩提流志所譯的《大寶積經卷第一百一十九　勝鬘夫人會》，本書收錄在附錄中。

本經以波斯匿王信法以後，修書給女兒勝鬘夫人，備贊如來功德，作爲說法的因緣。在說法的過程中，是以勝鬘因有所悟道，反過來請佛陀印證，對如來藏思想作系統性的介紹。全經圍繞在「攝受正法」的基本修行要求中，這攝受正法也就是經中所說的十大受。因此，讀者首先必須了解的，就是十大受的內容。

一、於所受戒，不起犯心。

二、於諸尊長，不起慢心。

三、於諸衆生，不起恚心。

四、於他身色，及外衆具，不起嫉心。

五、於內外法，不起慳心。

六、不自爲己，受畜財物。凡有所受，悉爲成熟貧苦衆生。

七、不自爲己，行四攝法。爲一切眾生故……攝受眾生。

八、若見孤獨、幽繫、疾病，種種厄難，困苦眾生，終不暫捨。

九、若見捕養，眾惡律儀，及諸犯戒，終不棄捨。……應折伏者，而折伏之；應攝受者，而攝受之。

十、攝受正法，終不忘失。

十大受是大乘修行的基本信條，以這十大受與八正道比較，明顯地表現本經注重修心、入世，及大乘佛法所提倡的核心價值——慈悲眾生。十大受以守戒爲基礎，然後逐漸向慈悲眾生，最後以正法總攝，正是標準的大乘修行法。接著勝鬘再提出三願：

一、安慰無量與無邊眾生，得正法智。

二、以無厭心爲眾生說。

三、捨身命財，護持正法。

此三願再合爲攝受正法一大願。可知本經極度發揮了大乘佛法以願力入世的精神，並作爲修行必備的功夫。對眾生慈悲，不僅是慈悲的意涵，更有修行的意涵；捨身命財不僅爲眾生，也是捨棄執著的修行。

第二個思想重點是承襲了《法華經》會三歸一的論點，主張一乘包含三乘，又特別指出這是修行的進程，並不因爲主張大乘而否定或嫌棄小乘。這個觀點具體表現在阿羅漢與如來兩種不同的成就中，以及佛、法、僧三歸依上。即歸依如來才是究竟歸依。

阿羅漢雖然歸依於佛，但心中仍有恐怖，因恐怖才求歸依。換句話說，這樣的歸依是有所求，並非卓然獨立的歸依。因此阿羅漢仍是有生、不純、有作，所得的是有餘功德，所證的是有餘涅槃。只有如來所得是無量功德，所證是無餘涅槃。阿羅漢的智慧只能斷除見一處住地（認知上的執著、邪見，即見惑）、欲愛住地、色愛住地、有愛住地；而無明住地只有如來的菩提智能斷。無明住地的力量又是最大的。

其次是三歸依的問題，三歸依在原始教義中即已出現。即歸依佛、法、僧。本經主張歸依正法與僧眾不是究竟歸依，只是有限依；歸依如來才是究竟歸依。並且說明歸依如來就是歸依如來法身；這如來法身也就是如來藏。很明顯地，本經藉著說明大小乘的差別、阿羅漢與如來的差別、三歸依的差別，歸根結底就是說明如來藏才是佛法的究竟、涅槃的究竟處。印順長老對如來藏下了一段最簡要的評語：「理論的特色是至圓，方法的特色是至簡，修證的特色是至頓。」圓、簡、頓三項特色具體的表現，便是入世與現世解脫。

第三個思想重點是對四聖諦的詮釋。知苦、斷集、證滅、修道是根本教義，本經則將四諦再分爲八諦。其中四諦爲作聖諦，另四諦爲無作聖諦。作四聖諦是有量四聖諦，阿羅漢據此並無法修證一切苦集滅道。無作四聖諦是如來究竟事，據此能知一切苦，斷一切煩惱、隨煩惱所攝一切集，滅一切意生身（非肉身），除一切苦滅，而證道。並且對苦滅作了詮釋：「所言苦滅者，名無始無作，無起無盡，離盡常住，自性清淨，離一切煩惱滅。」這便是如來法身，如來法身不離煩惱，這便是如來藏。

四諦中的三諦：知苦、斷集、修道本是有爲法；只有證滅是無爲法。這是一般性的解釋。本經則特別再將苦滅提出，強調回到無作、自性清淨的狀態，方是究竟，也就是要排除有作的滅苦行爲，並將這八聖諦匯歸在苦滅諦，用這一諦含攝八諦。

第四個思想重點是如來空智。一如前面談到如來藏不離、若離煩惱藏。空智分爲空如來藏，離一切煩惱；不空如來藏，不離一切。從這些論述中，很明顯地反映出，大乘佛法在發展到中期以後，雖然講的是有宗，但根本上還是沒有脫離空宗，尤其是龍樹的中觀思想。本經更是具體呈現大乘中期由中觀思想，逐漸邁向有宗思想的痕跡。

歸結到最後，便是第五個思想重點。「生死者，依如來藏。以如來藏故，說本際不可知。」這意思是生死因如來藏有，如來藏則無生死。「死者，謂諸根壞；生者，新諸根起。非如來藏有生有死。」爲什麼呢？因爲如來藏不是有爲相，是常住不變。這常住不變，是世間一切變化所依；這常住不變是法界、是法身，是自性清淨。一切的煩惱都是外染的客塵。

更重要的是「自性清淨心而有染者，難可了知。惟佛世尊，實眼實智……如實知見。」勝鬘的看法如此，世尊更補充「有二法難可了知，謂自性清淨心難可了知；彼心爲煩惱所染，亦難可了知。」學佛學到這裡，就已不是知識、認知心可以用功的了，而是要依於佛的智慧，也就是隨順法智。用這個智慧去觀察六根的作用、業報、無明住地、禪境、自在神通。如此觀察，才是究竟之道。

本篇導讀以十大受、三乘歸一乘、四諦歸一諦、如來空智、如來藏無生死等五個思想重心作爲主軸說明全經的旨意。最後以隨順法智作五種觀察，爲修行進階，證悟如來藏。目的是希望提綱挈領，供讀者閱讀本經時，方便抓住本經的要意。由這五個重心及五種觀察，讀者更可看出《勝鬘經》不僅建構了如來藏的思想體系，也提醒愛好佛道者修行的次序。這修行的次序是階段性的，修行的極致是跳脫「說理」，直入「悟道」的。這一切都是圍繞在圓融之中。

# 前言　如來藏的證悟功能

前言　如來藏的證悟功能

# 前言——如來藏的證悟功能

佛教的教義及理論是一路逐漸發展，才建構出今日我們所接觸的完整體系。在這發展的過程中，代表覺悟的最高眞理，在不同的階段有不同的名詞及內涵，分別代表不同理論的中心思想。如果能抓住這個中心思想，各個理論的綱要便不難掌握，對整個佛學的發展脈絡，也自然能輕易掌握。

一般將佛學的發展，概分爲小乘與大乘兩個大階段，這種分法是以修行的實踐爲劃分的標準，並沒有掌握到理論的內涵。因此，本文希望以思想的中心、悟道的意義，作劃分的標準。依據這個標準，可劃分出四個系統：一、原始教義；二、般若思想；三、唯識思想；四、如來藏思想。這樣的分法，是源於太虛將佛法分爲「般若、唯識、眞如」三系。印順則將之進一步說明爲「性空唯名、虛妄唯識、眞常唯心」三系。以下分別簡介：

一、原始教義：這個系統的思想，代表覺悟的最高眞理是「無我」，具體的實踐便是三法印：諸行無常、諸法無我、涅槃寂靜。不論無常或寂靜，都是以無我爲中心，眾生只要體悟到無我，並實踐無我，入於寂靜，便是悟道。

二、般若思想：這個系統的思想，代表覺悟的最高眞理是「性空」、「實相」，實相的本質就是性空。具體的實踐便是一實相印。眾生的解脫道，除了了解形質世界是空，一切的存在都是虛妄所現，更進一步要了解根本也沒有空的存在。此「空」猶如道家的「道」，是宇宙的根源。

三、唯識思想：到了唯識思想出現以後，進一步解釋虛妄世界的存在，都只是第八意識——阿賴耶識起認知的作用，變現出有形的山河大地，同時也變現出眾生一切的心識活動。換句話說，宇宙間的一切物質與精神的現象都根源於阿賴耶識。這阿賴耶識能善能惡，因此必須透過正聞熏習，開發善的無漏種子，去除惡的虛妄習氣，這便是悟道成佛。

四、如來藏思想：在唯識思想興起的同時，另外一派的如來藏思想也同時出現。如來藏思想與唯識思想在表象上有相似之處，於根本處則完全不同。如即眞理，藏即胎藏。簡單地說，眾生都具有成佛的種子，如胎兒般，終必成長成人，這成佛便是如來、眞理。《大乘起信論》中，將這成佛種子稱爲眾生心、本覺，正說明了如來藏的內涵。眾生心即表明如來藏是眾生都具備的；本覺即表明如來藏能自己發動自具的覺性，達到成佛的目標。如來藏本性的開發，就是覺悟的最高眞理。

以上這四種思想，又同時說明了覺悟到最高眞理時，所呈現的狀態——清淨，清淨是無限時空中的永恆狀態，這便是解脫、成佛。原始教義用寂滅表現清淨；般若用空、實相表現清淨；唯識學用阿賴耶識的正聞薰習表現清淨；如來藏思想用本覺、眞如、佛性表現清淨。佛學中的四大思想體系，雖然各有不同的成佛主張，但最後的境界則是相同的——清淨。

從歷史的演進觀察，又可發現一個有趣的事實。這事實就是，佛學理論的發展，是由外在現象的觀察，一路向內在心理、潛能，一層層地深入分析與探討。原始佛教的無我觀是由外在的無常出發，主張人由四大組成，也是無常聚合，終究沒有一個恆常的主體存在。般若思想進而將人與外在世界同歸一個實相——空，沒有本質的差異。精神與物質同樣是空。此時是大乘思想的初期。到了中期便是唯識與如來藏思想發展的全盛期。這個時期已超越了現代心理學對意識的研究範圍，而深入到潛意識或潛能的探索。到後期大乘是密教全盛的時代，不再著重於理論的探索，轉而著力於人類潛能的開發。用佛學的說法，就是密教的實修，講究身口意三密，要能夠與佛相應。與佛相應就是將眾生潛藏的佛性實現，即身成佛。

唯識思想的特色表現在第七末那識與第八阿賴耶識上。人類的精神活動在前六識眼、耳、鼻、舌、身、意上面是很容易察知的，這些活動都隨著外在的刺激而流動。到了深入一層的第七識——末那識，則是恆常而執我，約略可說是生命的執著與動能。第八識——阿賴耶識，含有多層的意義：能藏、所藏、執藏，綜合地說就是能含藏一切，包括善與惡，及一切不善不惡。所藏的一切善惡業果，便是下一輪生死輪迴的主體。因此，修行的人如果要脫離輪迴，便要以正聞熏習阿賴耶識。正聞熏習包含一切修行，如此從外在的熏習改變內在的心識，完全是一種藉助他緣的行爲，事實上是否定了人有自我證道解脫的能力。這一點正是唯識與如來藏思想最大的不同點。

如來藏思想即是從根本主張「如來藏自性清淨」，人有依自緣證道解脫的能力，「如來藏者，無有前際，無生無滅，法受諸苦。彼爲厭苦，願求涅槃。」（勝鬘夫人會）這個能力有許多的名詞：眞如、佛性、本覺、眾生心等都是。每個人都具有自發的能力，自我熏習，開發自己的智慧，去除自我的執著，不受外在的污染，使眞心顯現，得覺悟而解脫。在如來藏的思想中，學佛的功用就是在「破妄顯眞」。

前面提到潛能的問題，如來藏的本質就是潛能，而且是眾生都具備的潛能。據此，所謂「一闡提」十惡不赦的人都可以成佛，這是眾生本然，只是未能顯現，所以現出凡夫身；如來藏現起時，便能現出佛身。現凡夫身是因爲佛性被外在的客塵煩惱覆蓋，但不是被侵入。客塵煩惱只是覆蓋，因此修行的目的也只要除去這些覆蓋，便能顯眞心、現佛身。這些是就理論而言。

就實踐而言，中國的宗派中，最能實踐如來藏思想的是禪宗。六祖慧能初見五祖時，說：「人雖有南北，佛性本無南北。」便是最好的註腳。禪宗思想以「自性」爲核心，反映在修行功夫上，就是直指人心的頓悟法門。簡單地說，這自性就是如來藏，也是頓悟法門的根據。弘忍講：「思量即不中用，見性之人，言下須見。」爲什麼？因爲思量也是外塵，根本上已遠離自性。慧能講：「住心觀淨，是病非禪。」因爲觀淨也是向外尋求。這些都是向前面所說的「他緣」去求，不是向如來藏的「自緣」去求解脫。但吾人必須了解，禪宗思想也不是純然的如來藏思想。譬如禪宗講「自性能生萬法」，基本上不就是「萬法唯識」的唯識思想嗎？「本來無一物，何處惹塵埃？」這不是空觀的思想嗎？在強調禪宗的如來藏思想時，同樣地必須說明禪宗融合性的思想，以免形成偏見，誤導讀者。

# 正文　勝鬘師子吼一乘大方便方廣經

## 原譯

### 如來真實義功德章第一

如是我聞。一時，佛住舍衛國祇樹給孤獨園。

時波斯匿王及末利夫人信法未久。共相謂言：「勝鬘夫人是我之女，聰慧利根，通敏易悟。若見佛者，必速解法，心得無疑。宜時遣信，發其道意。」

夫人白言：「今正是時。」

王及夫人與勝鬘書，略贊如來無量功德。即遣內人名旃提

## 今譯

### 如來真實義功德章第一

我聽到佛是這麼說。佛說這部經時，正安住在舍衛國的祇樹給孤獨園。

當時憍薩羅國的波斯匿王和他的王后末利夫人，才剛剛信證佛法。兩人相互討論道：「我們的女兒勝鬘夫人，天生聰明伶俐，靈敏易悟。如果有機會接觸佛法，必定是很快地就能悟解佛法，並且信心無疑。現在就該給她送個信，啓發她向道的心念。」

夫人應和著：「現在正是時候。」

國王和夫人便寫了封信給勝鬘夫人，信中約略敘述、贊揚了如來的功德。並立即差遣一位名叫旃

羅，使人奉書至阿踰闍國。入其宮內，敬授勝鬘。勝鬘得書，歡喜頂受，讀誦受持，生希有心。向旃提羅說而偈言：

我聞佛音聲，
世所未曾有；
所言眞實者，
應當修供養。
仰惟佛世尊，
普爲世間出；
亦應垂哀愍，
必令我得見。
即生此念時，
佛於空中現；

---

提羅的侍者，要他帶著書信，前往阿踰闍國。進入王宮，將書信交給勝鬘夫人。勝鬘見到書信，高興地接受了，將書信的內容仔細讀誦後，對如來的功德生出希有難得的信心。於是當著旃提羅的面，說起偈語：

我聽說佛陀的妙音，
是世間未曾聽聞的；
如果你所說的是眞實的，
我應當供養你。
我心中恭敬思維，
佛世尊應該是爲世間衆生而應世；
也會秉持著哀憫衆生的心，
必定讓我得見世尊。
剛剛生起這念頭時，
佛陀立刻在空中現身；

普放淨光明，
顯示無比身。
勝鬘及眷屬，
頭面接足禮；
咸以清淨心，
歎佛實功德。
如來妙色身，
世間無與等；
無比不思議，
是故今敬禮。
如來色無盡，
智慧亦復然；
一切法常住，
是故我歸依。
降伏心過惡，

---

遍照清淨光明，
示現無可比擬的佛身。
勝鬘與家人，
致上最恭敬之禮；
衆人都以清淨無染的心，
贊歎佛的眞實功德。
如來的微妙色身，
世間無人能比；
因爲這不可思議、不可比擬的色身，
所以要致上最敬禮。
如來色身無比廣大，
智慧也是如此；
法身常住一切世間，
所以我歸依如來。
降伏心中貪瞋痴的惡念，

及與身四種；
已到難伏地，
是故禮法王。
知一切爾焰，②
智慧身自在；
攝持一切法、
是故今敬禮。
敬禮過稱量，
敬禮無譬類；
敬禮無邊法，
敬禮難思議。
哀愍覆護我，
令法種增長；
此生及後生，
願佛常攝受。

---

及身三口四的惡業①；
進而達到最勝的佛地，
所以我禮敬佛陀爲法王。
佛陀的智慧已達能生一切智的境地，
智慧之身自在無礙；
能掌握、了知一切宇宙現象，
所以我要禮敬佛陀。
禮敬無法度量的佛陀功德，
禮敬無可比喻的佛陀功德，
禮敬無有邊際的佛法功德，
禮敬不可思議的佛法功德。
願佛哀愍保護我等衆生，
使佛法善根種子滋長；
無論今生或來生，
願佛陀功德常攝受我等衆生。

我久安立汝，
前世已開覺；
今復攝受汝，
未來生亦然。
我已作功德，
現在及餘世；
如是衆善本，
惟願見攝受。

爾時，勝鬘及諸眷屬，頭面禮佛。佛於衆中即爲受（授）記：「汝歎如來眞實功德，以此善根，當於無量阿僧祇劫，天人之中爲自在王。一切生處常得見我，現前讚歎如今無異。當復供養無量阿僧祇佛，過二萬阿僧祇

---

我（佛陀）早已將你安立在佛法中，
你在前世已開悟覺道；
今生再攝受你，
未來生也一樣。
我（勝鬘）過去世已作各種功德，
今生及未來世也將一樣；
像這一切善根功德，
只願佛陀能攝受我。

這時，勝鬘及家人們再度向佛陀致上最敬禮。

佛陀便在大衆面前，爲勝鬘授記：「你讚揚如來的眞實功德，以這樣的善根功德，在無量劫的時空裡，必定成爲天界、人界中的自在王。無論你在任何一處轉生，都能見到我，就像今天你讚歎如來一樣。未來，你在二萬阿僧祇劫的時光中，會再供養無數的諸佛，此後你將成佛，名號普光如來、應

劫，當得作佛，號普光如來、應、正遍知。

彼佛國土無諸惡趣，老病衰惱，不適意苦，亦無不善、惡業道名。

彼國眾生，色力壽命，五欲眾具，皆悉快樂，勝於他化、自在諸天。

彼諸眾生，純一大乘，諸有修習善根眾生，皆集於彼。」

勝鬘夫人得授記時，無量眾生、諸天及人願生彼國，世尊悉記，皆當往生。

## 十受章第二

供、正遍知。

普光如來的佛國世界，沒有各種惡道，也沒有老、病、衰敗、苦惱，及各種使身心不舒服的苦痛，更沒有不善業、惡業的名稱。

在這佛國世界裡，眾生的身體美好、充滿活力，壽命無限，色、聲、香、味、觸五欲都能獲得滿足而快樂，勝過他化、自在諸天界。

那裡的眾生清一色信仰大乘佛法，所有修習大乘的善根眾生，都齊聚在這佛國裡。」

當勝鬘夫人獲得佛陀授記時，無數的眾生、諸天及人們，也願往生普光如來佛土，世尊也一一爲他們授記，未來都將往生普光如來佛土。

十受章第二

爾時勝鬘聞授記已，恭敬而立，受十大受。

「世尊，我從今日，乃至菩提，於所受戒，不起犯心。

世尊，我從今日，乃至菩提，於諸尊長，不起慢心。

世尊，我從今日，乃至菩提，於諸眾生，不起恚心。

世尊，我從今日，乃至菩提，於他身色，及外眾具，不起嫉心。

世尊，我從今日，乃至菩提，於內外法，不起慳心。

世尊，我從今日，乃至菩提，不自爲己受畜財物。凡有所

當勝鬘在聽完佛陀的授記後，便恭敬地站立一旁，接受大乘的十大正法：

「世尊，我從今天開始，直到成就菩提道，對所受的戒律，都不會興起犯戒的心念。

世尊，我從今天開始，直到成就菩提道，對於我的尊長們，都不會生起憍慢心。

世尊，我從今天開始，直到成就菩提道，對眾生們，都不會生起恨怒心。

世尊，我從今天開始，直到成就菩提道，對眾生的美好色身及眾生擁有的一切，都不會生起嫉妒心。

世尊，我從今天開始，直到成就菩提道，對我的身與心及外在的一切，都不會生起吝惜心。

世尊，我從今天開始，直到成就菩提道，都不會爲自己積蓄或領受任何財物。只要有所領受，都

受，悉爲成熟貧苦眾生。

世尊，我從今日，乃至菩提，不自爲己，行四攝法。爲一切眾生故，以不愛染心、無厭足心、無罣礙心，攝受眾生。

世尊，我從今日，乃至菩提，若見孤獨、幽繫、疾病，種種厄難，困苦眾生，終不暫捨。必欲安隱，以義饒益，令脫眾苦，然後乃捨。

世尊，我從今日，乃至菩提，若見捕養，眾惡律儀，及諸犯戒，終不棄捨。我得力時，於彼彼處，見此眾生，應折伏者，

---

是爲了讓貧苦的衆生獲得滿足。

世尊，我從今天開始，直到成就菩提道，都不會爲了自己而行布施、愛語、利行、同事等四攝法。行四攝法的目的都是爲救度衆生，我要以不愛染心、無厭足心、無掛礙心，攝受衆生。

世尊，我從今天開始，直到成就菩提道，如果見到孤獨、受繫於牢獄、生病等等，各種災厄的苦難衆生，我不會有一時一刻離棄他們。一定要使他們獲得安隱（快樂而無分別），以佛法義理利益他們，使他們脫離各種苦難的折磨，然後才離開他們。

世尊，我從今天開始，直到成就菩提道，如果看見捕捉或爲食而養動物等惡行，破壞律儀及觸犯各種戒律的衆生，我終究不會捨棄他們。當我證得佛的神通力時，在任何地方看到這類衆生，應該以

而折伏之；應攝受者，而攝受之。

何以故？以折伏攝受故，令法久住。法久住者，天人充滿，惡道減少。能於如來所轉法輪，而得隨轉。見是利故，救攝不捨。

世尊，我從今日，乃至菩提，攝受正法，終不忘失。

何以故？忘失法者，則忘大乘。忘大乘者，則忘波羅蜜。忘波羅蜜者，則不欲大乘。

若菩薩不決定大乘者，則不能得攝受正法欲，隨所樂入，永不堪任越凡夫地。

---

強制力折服的，便折服他們；應該以恩德攝受的，便攝受他們。

爲什麼要這麼做呢？因爲分別以折伏及攝受救度衆生，才能使佛法久住世間。佛法久住，才能使天界、人界充滿，相對地減少地獄、惡鬼、畜生道。能依據如來之法而隨順宣揚佛法。因爲我已見到佛法的大利，所以對衆生更要救度攝受而不捨。

世尊，我從今天開始，直到成就菩提道，都要攝受正法，永遠也不忘失。

爲什麼呢？因爲忘失正法便是忘失大乘；忘失大乘便是忘失解脫衆生；忘失解脫衆生就不會追求大乘佛法了。

如果不能堅定向大乘道的信心，就不會有攝受正法的企圖，不能隨喜樂心而入於大乘，也就永遠不能超越凡夫的境界了。

我見如是無量大過，又見未來攝受正法菩薩摩訶薩無量福利故，受此大受。

法主世尊！現爲我證，惟佛世尊現前證知。而諸眾生善根微薄，或起疑網，以十大受極難度故。彼或長夜非義饒益，不得安樂。爲安彼故，今於佛前說誠實誓。

我受此十大受如說行者。以此誓故，於大眾中，當雨天花，出天妙音。」

說是語時，於虛空中雨眾天花，出妙聲言：「如是，如是。

---

我因爲見到這些無比的過失，又因見到將來攝受正法的大菩薩有這麼多的好處，所以要受此無量的攝受正法。

佛法之主的世尊！現在就爲我作證吧，也只有佛世尊當下能證能知。而有些眾生們因爲善根微薄，或者是生起疑心如網，以爲攝受十大正法是相當難以成就的。他們才會在如長夜般的生死輪迴中，不能獲得攝受正法的利益，因而不得安樂。爲了安隱這些輪迴生死的眾生，今天才在佛陀面前誠心作誓。

我領受這十大正法，將如所言說實踐。因爲這誠實的誓言，天上將在與會的大眾中，落下如雨般的天花，並奏出微妙的天音。」

說這話時，天空中真的落下了如雨般的天花，並且發出美妙的聲音：「就是這樣，就是這樣。正如汝所說，眞實無異。」

彼見妙花，及聞音聲，一切衆會疑惑悉除，喜躍無量。而發願言：「恆與勝鬘常共俱會，同其所行。」世尊悉記一切大衆，如其所願。

## 三願章第三

爾時，勝鬘復於佛前發三大願，而作是言：「以此實願，安慰無量無邊衆生。以此善根，於一切生得正法智。是名第一大願。

我得正法智已，以無厭心爲衆生說。是名第二大願。

---

如你所說的，眞實而毫無差異。」

那些與會的衆人，眼見這美麗的天花及美妙的聲音，所有的疑惑盡除，同時生起無限的喜悅。進而共同發願：「我們願永遠與勝鬘夫人在一起，同修同行。」世尊便依照他們的願望，一一爲他們授記。

## 三願章第三

這時，勝鬘又在佛陀面前發下三大願，這三大願是這麼說的：「我願以此眞實的願望，安慰無量無邊的衆生。以此誓願的善根功德，在未來的一切生中，都能獲得佛的正法智。這是我的第一大願。

在我證得正法智後，要以不厭倦的心爲衆生說法。這是我的第二大願。

我於攝受正法，捨身命財，護持正法。是名第三大願。」

爾時，世尊即記勝鬘三大誓願：「如一切色悉入空界，如是菩薩恆沙諸願，皆悉入此三大願中。此三願者，眞實廣大。」

## 攝受章第四

爾時，勝鬘白佛言：「我今當復承佛威神，說調伏大願，眞實無異。」

佛告勝鬘：「恣聽汝說。」

勝鬘白佛：「菩薩所有恆沙諸願，一切皆入一大願中，所謂攝受正法。攝受正法眞爲大

---

我對於攝受的正法，將捨棄一切身、命、財，以護持正法。這是我的第三大願。」

這時，世尊隨即爲勝鬘的誓願作記別：「這三大誓願正如一切物質都包含在虛空中，菩薩所立下的無數誓願，也都包含在這三大願中。這三大願確是眞實而廣大啊！」

## 攝受章第四

這時，勝鬘又對佛陀說：「我現在再仰承佛的神威，說明一大願可相互融通十大受與三大願，而且是眞實而沒有差異的。」

佛陀告訴勝鬘：「你就盡情地說吧！」

勝鬘告訴佛陀：「菩薩所立下的無數誓願，這一切都包含在一大誓願中，這一大願就是攝受正法。攝受正法是眞正的大願。」

願。」

佛讚勝鬘：「善哉！善哉！智慧方便，甚深微妙。汝已長夜殖諸善本。來世眾生，久種善根者，乃能解汝所說。

汝之所說攝受正法，皆是過去、未來、現在諸佛已說、今說、當說。我今得無上菩提，亦常說此攝受正法。

如是我說，攝受正法所有功德，不得邊際；如來智慧辯才，亦無邊際。何以故？是攝受正法，有大功德，有大利益。」

勝鬘白佛：「我當承佛神力，更復演說，攝受正法廣大之

---

佛陀贊揚著勝鬘說道：「好啊！好啊！這眞是智慧而方便，甚深微妙的道理。你已在生死輪迴的長夜中，種下各種善根。未來世的衆生，也要像你一樣，久種善根，才能了解你說的道理。

你所說的攝受正法，都是過去、未來、現在的諸佛，已說、現在說、未來將說的正法。我如今已證得無上菩提，也是經常說這攝受正法。

正如我所說，攝受正法所得的功德，無法度量邊際；如來的智慧辯才，也沒有邊際。爲什麼呢？正因爲這攝受正法的功德太大了，利益太大了。」

勝鬘告訴佛陀：「我要仰承佛的神威，再說明攝受正法更廣大的意義。」

義。」

佛言：「便說。」

勝鬘白佛：「攝受正法廣大義者，則是無量，得一切佛法，攝八萬四千法門。

譬如劫初成時，普興大雲，雨眾色雨，及種種寶。如是攝受正法，雨無量福報，及無量善根之雨。

世尊，又如劫初成時，有大水聚，出生三千大千界藏及四百億種種類洲。如是，攝受正法出生大乘無量界藏。一切菩薩神通之力，一切世間安隱快樂，一切世間如意自在，及出世間安樂劫

佛陀說：「你說吧！」

勝鬘告訴佛陀：「攝受正法更廣大的意義是，它是廣無邊際，得一切佛法，包容八萬四千法門。

譬如說，在成劫之初，會普遍湧起大雲，落下各色的雨及種種珍寶，滋生萬物。攝受正法就是這樣，無量福報如雨，無量善根功德也如雨，普降大地。

世尊，再說這成劫之初，會有汪洋大水聚集，三千大千世界及四百億種種不同的部洲（陸地），就是從這汪洋大水中生起。就像這樣，攝受正法生成了大乘的無量世界。一切菩薩的神通之力，一切世間呈現的安隱快樂，一切世間的如意自在，以及出世間的安樂世界，乃至天界、人界，本來都是不

成，乃至天人，本所未得，皆於中出。

又如大地持四重擔。何等爲四？一者大海，二者諸山，三者草木，四者眾生。如是攝受正法，善男子、善女人建立大地，堪能荷負四種重任，喻彼大地。

何等爲四？謂離善知識，無聞、非法眾生，以人天善根而成熟之；求聲聞者，授聲聞乘；求緣覺者，授緣覺乘；求大乘者，授以大乘。是名攝受正法，善男子、善女人建立大地，堪能荷負四種重任。

---

存在的，都因攝受正法而生成。

又像是大地承載著四種重擔。是那四種呢？一是大海，二是山脈，三是草木，四是衆生。正如同這樣，善男子、善女人如果攝受正法，也能建立大地，承擔四種重任，如同大地般。

承擔那四種重任呢？第一重任是對那些遠離善知識、沒有正確見聞，不依正法而行的衆生，能夠以轉生人天的善法引導而成就；二是對那些追求聲聞成就的衆生，就以聲聞法引導他們；三是對那些追求緣覺成就的衆生，就以緣覺法引導他們；四是對那些追求大乘成就的衆生，就以大乘法引導他們。這便是善男子、善女人攝受正法，如建立大地般，方能承擔的四種重任。

世尊，如是攝受正法，善男子、善女人，建立大地，堪能荷負四種重任。普爲眾生作不請之友，大悲安慰、哀愍眾生，爲世法母。

又如大地有四種寶藏。何等爲四？一者無價，二者上價，三者中價，四者下價，是名大地四種寶藏。如是攝受正法，善男子、善女人，建立大地，得眾生四種最上大寶。

何等爲四？攝受正法善男子、善女人，無聞、非法眾生，以人天功德善根，而授與之；求聲聞者，授聲聞乘；求緣覺者，

---

世尊，像這樣攝受正法的善男子、善女人，他們建立大地，方能承擔四種重任。他們不待眾生的請求，主動地以大悲心安慰、哀憫眾生，作世間一切善法的母親（出生善法）。

又像是大地的四種寶藏。是那四種寶藏？一是無價的寶藏，二是上等價，三是中等價，四是低等價。這就是大地的四種寶藏。正如同這樣，善男子、善女人如果攝受正法，也能建立大地，使眾生獲得四種最珍貴的大寶。

是那四種大寶呢？一種是攝受正法的善男子、善女人，對那些沒有正確見聞、不依正法而行的眾生，授以人天功德的善根；第二種是對那些追求聲聞成就的，就授以聲聞法；第三種是對那些追求緣

授緣覺乘；求大乘者，授以大乘。如是，得大寶眾生，皆由攝受正法善男子、善女人，得此奇特希有功德。世尊，大寶藏者，即是攝受正法。

世尊，攝受正法。攝受正法者，無異正法，無異攝受正法。正法即是攝受正法。

世尊，無異波羅蜜，無異攝受正法。攝受正法即是波羅蜜。

何以故？攝受正法善男子、善女人，應以施成熟者，以施成熟。乃至捨身支節，將護彼意，而成熟之。彼所成熟眾生，建立正法。是名檀波羅蜜。

---

覺成就的，就授以緣覺法；第四種是對那些追求大乘成就的，就授以大乘法。如此，能獲得這些佛法大寶的眾生，都是因爲攝受正法的善男子、善女人，才能獲得如此奇特希有的功德。世尊，這大寶藏便是攝受正法。

世尊，談到攝受正法。這攝受正法與正法沒有差異；正法與攝受正法沒有差異。正法就是攝受正法。（人受法與法同）

世尊，攝受正法與六度波羅蜜沒有差異；六波羅蜜與攝受正法沒有差異。攝受正法就是波羅蜜。

爲什麼呢？攝受正法的善男子、善女人，如果必須以布施來成就眾生時，便以布施成就。哪怕是要捨身或肢體，都要依照眾生的心意，而成就眾生。像這樣的善男子、善女人，以布施成就的眾生，也能建立正法。這便是布施波羅蜜。

應以戒成熟者，以守護六根，淨身口意業，乃至正四威儀。將護彼意，而成熟之。彼所成熟眾生，建立正法。是名尸波羅蜜。

應以忍成熟者，若彼眾生罵詈毀辱，誹謗恐怖，應以無恚心、饒益心，第一忍力，乃至顏色無變。將護彼意，而成熟之。彼所成熟眾生，建立正法。是名羼提波羅蜜。

應以精進成熟者，於彼眾生不起懈心，生大欲心，第一精進，乃至若四威儀。將護彼意，而成熟之。彼所成熟眾生，建立

---

如果必須以戒成就眾生時，就教導他們如何守護六根，保持身口意三業清淨，進而端正行住坐臥四威儀。如此依照眾生的心意，而成就眾生。像這樣的善男子、善女人以戒成就的眾生，也能建立正法。這便是持戒波羅密。

如果必須以忍成就眾生，當眾生生起謾罵詆毀、侮辱、誹謗、恐怖的行為時，應該以無瞋恚心、饒益心，堅忍不動，進而達到臉色不變的修行功夫引導眾生。如此依照眾生的心意，而成就眾生。像這樣的善男子、善女人，以忍成就的眾生，也能建立正法。這便是忍辱波羅蜜。

如果必須以精進成就眾生時，就教導他們不生懈怠心，以大企圖心，始終精進不怠，進而在行住坐臥中，都能精進向前。如此依照眾生的心意，而成就眾生。像這樣的善男子、善女人，以精進力成

正法。是名毗梨耶波羅蜜。

應以禪成熟者，於彼眾生，以不亂心、不外向心、第一正念，乃至久時所作、久時所說，終不忘失。將護彼意，而成熟之。彼所成熟眾生，建立正法。是名禪波羅蜜。

應以智慧成熟者，彼諸眾生，問一切義，以無畏心，而為演說一切論、一切工巧究竟明處，乃至種種工巧諸事。將護彼意，而成熟之。彼所成熟眾生，建立正法。是名般若波羅蜜。

是故，世尊，無異波羅蜜，無異攝受正法。攝受正法即是波

---

就的眾生，也能建立正法，就叫做精進波羅蜜。

如果必須以禪成就眾生時，就教導他們不要使心念散亂，不要使心念向外塵攀緣，保持絕對的正念，進而對於長久以前所做、所說，永遠都不忘失。如此依照眾生的心意，而成就眾生。像這樣的善男子、善女人，以禪定成就的眾生，也能建立正法。這便是禪定波羅蜜。

如果必須以智慧成就眾生時，對眾生們所問的一切義理，都要以無畏的心，為他們演說一切道理、技巧的究竟處，進而至於世間的種種學問、技術等事。如此依照眾生的心意，而成就眾生。像這樣的善男子、善女人，以智慧成就的眾生，也能建立正法。這便是般若（智慧）波羅蜜。

所以，世尊，攝受正法與波羅蜜沒有差異；波羅蜜與攝受正法沒有差異。攝受正法即是波羅

羅蜜。」

「世尊，我今承佛威神，更說大義。」

佛言：「便說。」

勝鬘白佛：「攝受正法。攝受正法者，無異攝受正法，無異攝受正法者。攝受正法善男子、善女人，即是攝受正法。

何以故？若攝受正法善男子、善女人，爲攝受正法，捨三種分。何等爲三？謂身命財。

善男子、善女人捨身者，生死後際等，離老病死。得不壞常住，無有變異，不可思議功德如來法身。

---

蜜。」

勝鬘又說：「世尊，我現在仰承佛的神威，要再說說攝受正法的大義。」

佛陀說：「你說吧。」

勝鬘接著告訴佛陀：「說到攝受正法。攝受正法的人，與攝受正法沒有差別；攝受正法與攝受正法的人沒有差別。攝受正法的善男子、善女人，即是攝受正法。（人不異法）

爲什麼呢？因爲這些攝受正法的善男子、善女人，爲了攝受正法，能捨三種分。什麼是三種分？就是身、命、財。

善男子、善女人能捨身者，生死與涅槃後際平等無別，遠離生老病死。證得不壞常住、沒有變異、具不可思議功德的如來法身。

捨命者，生死後際等，畢竟離死。得無邊常住，不可思議功德。通達一切甚深佛法。

捨財者，生死後際等。得不共一切眾生，無盡無減，畢竟常住，不可思議具足功德。得一切眾生殊勝供養。

世尊！如是捨三分善男子、善女人攝受正法，常爲一切諸佛所記，一切眾生之所瞻仰。

世尊，又善男子、善女人攝受正法者，法欲滅時，比丘、比丘尼，優婆塞、優婆夷，朋黨爭訟，破壞離散。以不諂曲、不欺誑、不幻僞，愛樂正法，攝受正

善男子、善女人能捨命者，生死與涅槃後際平等無別，徹底遠離死亡。證得無邊常住，具不可思議功德。而能通達一切甚深佛法的智慧。

善男子、善女人能捨財者，生死與涅槃後際平等無別。證得一切衆生所無、無盡無減、不可思議、具足一切的功德。並可受一切衆生最殊勝的供養。

世尊，像這樣能捨身、命、財三分的善男子、善女人，他們即是攝受正法，在一切世中都會受到佛的授記，並爲一切衆生所瞻仰。

世尊，再說那些善男子、善女人，他們攝受正法，在正法將滅的時代裡，比丘、比丘尼、居士、居士女們彼此結黨爭訟，導致破壞離散。而攝受正法者能以不諂媚歪曲、不欺騙妄言、不虛妄僞作的行爲，愛樂正法、攝受正法，而成爲佛法之侶。這

法，入法朋中。入法朋者，必爲諸佛之所授記。

世尊，我見攝受正法如是大力。佛爲實眼實智，爲法根本，爲通達法，爲正法依，亦悉知見。」

爾時，世尊於勝鬘所說，攝受正法大精進力，起隨喜心。

「如是，勝鬘，如汝所說，攝受正法大精進力，如大力士，少觸身分，生大苦痛。如是，勝鬘，少攝受正法，令魔苦惱。我不見餘一善法，令魔憂苦，如少攝受正法。

又如牛王，形色無比，勝一

---

些法侶衆生，必定會得到諸佛的授記，在未來世中成佛。

世尊，我見到了攝受正法有如此大的神威力。因爲佛是具有眞實法眼、智慧者，是佛法的根本，通達一切佛法，是正法所依，更能遍知遍見宇宙一切。」

這時，世尊對於勝鬘所說，由於攝受正法而起大精進力，生出了歡喜心。

佛陀便說：「就是這樣，勝鬘，正如你所說，攝受正法所得的大精進力，就像大力士，只要稍微碰觸你身體的某部分，都會使你感到極大的痛苦。因此，勝鬘，只要稍微攝受正法，就能令魔感到苦惱。我未曾見到過有任何一種善法，像些許攝受正法一樣，能讓魔憂苦。

又像那牛王一樣，殊勝的形體，賽過一切的

切牛。如是，大乘少攝受正法勝於一切二乘善根。以廣大故。

又如須彌山王，端嚴殊特，勝於眾山。如是，大乘捨身命財，以攝取心攝受正法，勝不捨身命財，初信住大乘一切善根，何況二乘。以廣大故。

是故，勝鬘，當以攝受正法開示眾生，教化眾生，建立眾生。如是，勝鬘，攝受正法如是大利，如是大福，如是大果。勝鬘，我於阿僧祇劫，說攝受正法功德義利，不得邊際。是故，攝受正法有無量無邊功德。」

---

牛。大乘攝受正法就是這樣，只要稍許攝受正法，就勝過聲聞、緣覺的一切善根功德。因爲正法的功德太廣大了。

又像那須彌山王，端正莊嚴殊勝，勝過一切山。能以大乘佛法，捨棄身、命、財，收攝心念攝受正法，勝過未能捨棄身、命、財，才剛信仰、安住在大乘佛法中的一切善根功德，更何況是二乘之人。因爲正法捨身命財的功德太廣大了。

所以，勝鬘，要以攝受正法來開示衆生、教化衆生、建立衆生。勝鬘，因爲攝受正法有如此的大利益，如此的大福德，如此的大果報。勝鬘，我在無量劫的時間裡，不停地演說攝受正法的功德利益的道理，也未曾說完。所以說，攝受正法有無量無邊的功德。」

## 一乘章第五

佛告勝鬘：「汝今更說，一切諸佛所說攝受正法。」

勝鬘白佛：「善哉，世尊，唯然受教。」

即白佛言：「世尊，攝受正法者，是摩訶衍。何以故？摩訶衍者，出生一切聲聞、緣覺，世間、出世間善法。

世尊，如阿耨大池，出八大河。如是摩訶衍出生一切聲聞、緣覺，世間、出世間善法。

世尊，又如一切種子，皆依於地，而得生長。如是一切聲

---

## 一乘章第五

佛陀告訴勝鬘：「你現在再說說看，一切諸佛所說的，攝受正法的意義。」

勝鬘告訴佛陀：「好啊！世尊，就照世尊吩咐的。」

勝鬘接著便對佛說：「世尊，所謂攝受正法，就是大乘。怎麼說呢？因爲一切聲聞、緣覺，世間及出世間的一切善法，都是出自大乘法。

世尊，就像阿耨大池，世間的八大河都是由此流出。同樣地，一切聲聞、緣覺二乘，及世間、出世間的一切善法，也都是出自大乘。

世尊，又像一切種子都要依靠土地，才能生長。同樣地，一切聲聞、緣覺二乘，及世間、出世

聞、緣覺，世間、出世間善法，依於大乘而得增長。

是故，世尊，住於大乘，攝受大乘，即是住於二乘，攝受二乘，一切世間、出世間善法。

如世尊說六處。何等為六？謂正法住、正法滅；波羅提木叉、毗尼；出家、受具足。為大乘故，說此六處。

何以故？正法住者，為大乘故說。大乘住者，即正法住。正法滅者，為大乘故說。大乘滅者，即正法滅。波羅提木叉、毗尼，此二法者，義一名異。毗尼者，即大乘學。何以故？以依佛

---

間的一切善法，也都是要依於大乘，才能得到滋長。

因此，世尊，安住於大乘、攝受大乘，就是安住於二乘、攝受二乘及一切世間、出世間的善法。

譬如世尊所說的六處，是起行生智處。是那六處？就是正法住、正法滅；波羅提木叉（解脫）、毗尼（滅）；出家、受具足戒。佛為了宣揚大乘法，才說這三對六處。

怎麼說呢？所謂正法住，是為宣揚大乘而說。大乘住世，就是正法住世。所謂正法滅，是為宣揚大乘而說。大乘滅時，就是正法滅。波羅提木叉、毗尼這兩種法，是意義相同而名稱不同，毗尼的意義就是大乘修學。怎麼說呢？因為都是依佛出家、受具足戒。大乘佛法講的威儀、戒律，就叫毗尼，

出家而受具足。是故說，大乘威儀戒是毗尼，是出家，是受具足。是故，阿羅漢無（別）出家、受具足。何以故？阿羅漢依如來出家、受具足故。

阿羅漢歸依於佛，阿羅漢有恐怖。

何以故？阿羅漢於一切無行怖畏想住。③如人執劍，欲來害己。是故，阿羅漢無究竟樂。何以故？世尊！依不求依。如眾生無依，彼彼恐怖。以恐怖故，則求歸依。如是，阿羅漢有怖畏，以怖畏故，依於如來。

---

也可說是出家、受具足戒。同樣地，阿羅漢並非另有不同的出家、受具足戒的方式。爲什麼？因爲阿羅漢一樣是依於如來出家、受具足戒。

但是阿羅漢雖然同樣是歸依於佛，阿羅漢卻仍有恐怖畏懼心。

怎麼說呢？阿羅漢對於一切無爲的涅槃寂滅境界，仍因存有追求心，而生畏懼。這情形就像有人拿劍要殺害自己。所以阿羅漢還是未得究竟樂。爲什麼？世尊，凡是可以作爲眾生歸依處的，自己必須是不求歸依的（即如來）。譬如眾生因爲無所依，所以各自心生恐怖。因爲心中存在恐怖，所以要尋求歸依。同樣地，阿羅漢心中有畏怖，因爲心中的恐怖畏懼，所以要歸依如來。

世尊，阿羅漢、辟支佛有怖畏，是故阿羅漢、辟支佛，有餘生法不盡故，有生；有餘梵行不成故，不純；事不究竟故，當有所作；不度彼故，當有所斷。以不斷故，去涅槃界遠。

何以故？惟有如來、應、正等覺得般涅槃，成就一切功德故。阿羅漢、辟支佛不成就一切功德，言得涅槃者，是佛方便。惟有如來得般涅槃，成就無量功德故。阿羅漢、辟支佛成就有量功德，言得涅槃者，是佛方便。惟有如來得般涅槃，成就不可思議功德故，阿羅漢、辟支佛成就

世尊，阿羅漢、辟支佛心中尚有恐怖畏懼，所以阿羅漢、辟支佛尚有餘生（變異生）未盡，也就是仍在生死流轉中；尚有梵行未成，所以仍然不純；由於未達究竟無為，所以尚有作為；由於未達解脫，所以還有煩惱要斷。因為尚未完全斷除煩惱，所以離涅槃境界還很遙遠。

怎麼說呢？只有如來、應供、正等正覺才是真正證入涅槃，成就一切如來的功德。阿羅漢、辟支佛尚未成就如來一切功德，說他們已證得涅槃，只是佛陀的方便說法。其實只有如來證得涅槃，成就一切如來的無量功德。因此，阿羅漢、辟支佛成就的是有量功德，所謂證得涅槃，只是佛的方便說法。因為只有如來才證得涅槃，成就不可思議的無量功德，所以阿羅漢、辟支佛成就的是可思議的有量功德，說他們證得涅槃，是佛的方便說法。只有

思議功德，言得涅般者，是佛方便。惟有如來得般涅槃，一切所應斷過，皆悉斷滅，成就第一清淨。阿羅漢、辟支佛有餘過，非第一清淨，言得涅槃者，是佛方便。

惟有如來得般涅槃，爲一切衆生之所瞻仰，出過阿羅漢、辟支佛、菩薩境界。是故阿羅漢、辟支佛，去涅槃界遠。

言阿羅漢、辟支佛觀察解脫，四智究竟，得蘇息處者。亦是如來方便、有餘、不了義說。

何以故？有二種死。何等爲

---

如來證得涅槃，因爲一切應該斷除的煩惱過，都已全部斷除，成就第一清淨。阿羅漢、辟支佛因爲尙有煩惱過，所以不是第一清淨，說他們證得涅槃，是佛的方便說法。

只有如來證得涅槃，能爲一切衆生所瞻仰，超越阿羅漢、辟支佛、菩薩的境界。所以阿羅漢、辟支佛，距離涅槃的境界還很遠。

說阿羅漢、辟支佛因爲觀察解脫之道，得究竟知苦、斷集、修道、證滅四智，並且在生死長夜中甦醒而得休息處。這些也都是如來的方便、有餘意、不了義的說法。

怎麼說呢？因爲死有兩種。是那兩種：一種是二？謂分段死、不思議變易死。分段死者，謂虛僞衆生。不思議變易死者，謂阿羅漢、辟支佛、大力菩薩意生身，乃至究竟無上菩提。

二種死中，以分段死故，說阿羅漢、辟支佛智，我生已盡，得有餘果證故，說梵行已立。凡夫人天所不能辦，七種學人④先所未作。

虛僞煩惱斷故，說所作已辦。阿羅漢、辟支佛所斷煩惱，更不能受後有故，說不受後有。

非盡一切煩惱，亦非盡一切受生故，說不受後有。何以故？

---

分段死，一種是不可思議的變易死。分段死即指凡夫衆生輪迴中虛妄不實的一期生死。不思議變異死即指阿羅漢、辟支佛及力菩薩的意生身，必須直到究竟無上菩提才沒有生死。

這兩種不同的死中，是從分段死的意義，說阿羅漢、辟支佛所證的智慧，已達此生生死已盡的境界，證得有餘涅槃果位，所以說梵行已立。這不是凡夫的人、天所能做到的，七種向佛道的學人也同樣未曾達到這境界。

到此境界，虛妄的煩惱已斷除，所以說所作已辦。因爲阿羅漢、辟支佛所斷除的煩惱，已能使他不再輪迴受生，不再有軀體，所以說不受後有。

但並不是他們已斷盡一切煩惱，也不是完全不再受任何生，而說他們不受後有。這是怎麼說呢？

有煩惱是阿羅漢、辟支佛所不能斷。

煩惱有二種。何等爲二？謂住地煩惱，及起煩惱。住地有四種。何等爲四？謂見一處住地，欲愛住地，色愛住地，有愛住地。此四種住地，生一切起煩惱。起者刹那心刹那相應。世尊，心不相應，無始無明住地。

世尊，此四住地力，一切上煩惱依種，比無明住地，算數譬喻所不能及。

世尊，如是無明住地力，於有愛四住地，無明住地其力最大。譬如惡魔波旬，於他化自在

---

因爲仍然有些煩惱不是阿羅漢、辟支佛所能斷除的。

煩惱有兩種。是那兩種？一種是住地煩惱（隱藏的），一種是起煩惱（現起的）。住地煩惱有四種。是那四種？即見解聚集一處的煩惱；潛在貪欲的煩惱；潛在貪色的煩惱；潛在執有的煩惱。⑤這四種住地煩惱，能生一切起煩惱。起煩惱的生起，只在刹那、刹那間相應生起。世尊，那些不與心相應的煩惱住地，就是無始以來即存在的無明住地。

世尊，這四住地的煩惱力，是一切隨煩惱所依的種子，但與無明住地的力量相比，無明住地的力量更不是任何比喻或數字能衡量的。

世尊，像這樣，無明住地的力量，與有愛等四種住地的力量相較，無明住地的力量是最大的。譬如在他化自在天，惡魔波旬在色相、神力、壽命、

天，色、力、壽命、眷屬、眾具，自在殊勝。如是，無明住地力，於有愛數四住地，其力最勝，恆沙等數上煩惱依，亦令四種煩惱久住。

阿羅漢、辟支佛智所不能斷，惟如來菩提智之所能斷。如是，世尊，無明住地最爲大力。

世尊，又如取緣，有漏業因，而生三有。如是，無明住地緣，無漏業因，生阿羅漢、辟支佛、大力菩薩三種意生身。此三地、彼三種意生身生，及無漏業生，依無明住地，有緣非無緣。是故，三種意生身及無漏業，緣

眷屬及一切外在條件，是最自在殊勝的。同樣地，無明住地的力量，與有愛等四住地，力量也是最大的，是無數的隨煩惱所依，更能令四種煩惱久住而不失。

這無明住地的煩惱，不是阿羅漢、辟支佛所能斷除，只有如來所具的菩提智性，方能斷除。因此，世尊，無明住地的力量才是最大的。

世尊，再說像三界以取（愛生取）爲緣，以有漏業爲因，因緣共具，形成欲有、色有、無色有等三有（三界）的凡夫生死界。同樣地，以無明住地爲緣，以無漏業爲因，因緣共具，形成阿羅漢、辟支佛、大力菩薩等三種意生身。這三乘地並相應的三種意生身的形成，及無漏業的形成，都是依於無明住地，是有緣而成，不是無緣而成。所以，三種

無明住地。世尊，如是，有愛住地數四住地，不與無明住地業同。無明住地異離四住地，佛地所斷，佛菩提智所斷。

何以故？阿羅漢、辟支佛斷四種住地，無漏不盡，不得自在力，亦不作證。無漏不盡者，即是無明住地。

世尊，阿羅漢、辟支佛、最後身菩薩，爲無明住地之所覆障故，於彼彼法不知不覺。以不知見故，所應斷者不斷、不究竟。

以不斷故，名有餘過解脫，非離一切過解脫。名有餘清淨，非一切清淨；名成就有餘功德，

---

意生身及無漏業，都是緣於無明住地而成。世尊，因此，有愛等四住地與無明住地形成的業並不相同。無明住地異於、離於有愛等四住地，是修得佛地以後才能斷除，是佛所具的菩提智才能斷除。

怎麼說呢？阿羅漢、辟支佛雖然斷除了四種住地煩惱，但是尚未斷除無明，因此尚未完全到達無漏，不能得自在力，也不能自己證成。這尚未到達無漏的意思，就是指無明住地未斷。

世尊，阿羅漢、辟支佛及成佛之前的最後身菩薩，因爲他們都被無明住地遮障、覆蓋，所以對於實相、法性根本不知不覺。因爲無法知見，形成應斷者不斷，所以是不究竟。

因爲尚未完全斷除煩惱，所以稱爲尚有過患的解脫，不是離一切過患的解脫。所以又稱爲有餘清淨，不是一切清淨；稱爲成就有餘功德，不是具足

非一切功德。

以成就有餘解脫，有餘清淨，有餘功德故，知有餘苦，斷有餘集，證有餘滅，修有餘道。是名得少分涅槃。得少分涅槃者，名向涅槃界。

若知一切苦，斷一切集，證一切滅，修一切道，於無常壞世間、無常病世間，得常住涅槃。於無覆護世間、無依世間，爲護爲依。

何以故？法無優劣故得涅槃，智慧等故得涅槃，解脫等故得涅槃，清淨等故得涅槃。是故

---

一切的功德。

因爲是成就有餘解脫、有餘清淨、有餘功德，所以知道這種境界，只是知苦而有餘苦不知、斷苦集而有苦因未斷、證滅而有餘滅未證、修道而有餘道未修。所以才稱這種境界叫得少分涅槃。因爲只是得部分的涅槃，所以稱爲向涅槃界。

如果能知一切苦（分段生死、變異生死），斷一切集（四住地、無明住地），證一切滅（有漏、無漏煩惱），修一切道（三乘所共、大乘不共），在這無常壞滅與無常變易的世間，便能證得常住清淨的涅槃境界。相對地也能成爲這世間無護無依的衆生，眞正的依靠。

怎麼說呢？證得的究竟法是沒有優劣之分的，所以是證得涅槃；證得的智慧是平等的，所以是證得涅槃；證得的清淨是平等的，所以是證得涅槃。

涅槃一味等味，謂解脫味。

世尊，若無明住地不斷、不究竟者，不得一味等味，謂明解脫味。何以故？無明住地不斷，不究竟者，過恆沙等所應斷法，不斷、不究竟。過恆沙等所應斷法不斷故，過恆沙等法應得不得，應證不證。

是故無明住地積聚，生一切修道斷煩惱上煩惱。彼生心上煩惱，止上煩惱，觀上煩惱，禪上煩惱，正受上煩惱，方便上煩惱，智上煩惱，果上煩惱，得上煩惱，力上煩惱，無畏上煩惱⑥。如是過恆沙等上煩惱，如來

---

所以，涅槃是一味、是平等味，這便是解脫味。

世尊，如果無明住地未斷，未得究竟解脫，便不能證得一味等味的涅槃解脫味，也就是明解脫味。怎麼說呢？無明住地未斷，未得究竟解脫者，便有無數的煩惱現象應斷而未斷，不能究竟解脫。既有無數應斷未斷的煩惱，就有無數的善法，應得而未得，應證而未證。

所以，無明住地是個煩惱積聚的地方，由此生出一切修道所應斷除的煩惱與隨煩惱。由此生出的煩惱，計有心上煩惱、止上煩惱、觀上煩惱、禪上煩惱、正受上煩惱、方便上煩惱、智上煩惱、果上煩惱、得上煩惱、力上煩惱、無畏上煩惱。像這樣無數的上煩惱，都必須要如來的菩提智慧才能斷除。這一切隨煩惱都是依於無明住地才能建立。一

菩提智所斷。一切皆依無明住地之所建立。一切上煩惱起，皆因無明住地，緣無明住地。

世尊，於此起煩惱，剎那心剎那相應。世尊，心不相應無始無明住地。

世尊，若復過於恆沙如來菩提智所應斷法，一切皆是無明住地所持、所建立。譬如一切種子皆依地生，建立增長。若地壞者，彼亦隨壞。如是過恆沙等如來菩提智所應斷法，一切皆依無明住地生，建立增長。若無明住地斷者，過恆沙等如來菩提智所應斷法，皆亦隨斷。

---

切隨煩惱的生起，都是因於無明住地，緣於無明住地。

世尊，這些無明生起的四住地煩惱，在剎那、剎那極短的時間裡，便會與心相應。世尊，那些不與心相應的，便是無始以來就存在的無明住地。

世尊，再談談那些只有如來菩提智慧所能斷除的煩惱現象，都是靠無明住地的支持才能建立的。這就像一切的種子，都必須依靠土地才能生長。如果土地壞滅了，種子也要跟著壞滅。因此，既然這些必須依靠如來的菩提智慧，才能斷除的無數煩惱，都是依靠無明住地才能生長的。如果無明住地斷滅了，這些如來菩提智慧方能斷除的無數煩惱現象，也都要跟著斷除。

如是一切煩惱、上煩惱斷。過恆沙等如來所得一切諸法，通達無礙。一切智見，離一切過惡，得一切功德，法王法主，而得自在。證一切法自在之地。如來、應、等正覺、正師子吼，我生已盡，梵行已立，所作已辦，不受後有。是故，世尊，以師子吼，依於了義，一向記說。

世尊，不受後有智有二種。謂如來以無上調御降伏四魔，出一切世間，爲一切眾生之所瞻仰。得不思議法身，於一切爾焰地，得無礙法自在。於上更無所作，無所得地，十力勇猛，升於

---

像這樣，斷除了一切煩惱、隨煩惱。對於如來所證得的無數一切善法，便能通達無礙。以如來的一切智明見一切，遠離一切過惡，得如來一切功德，成爲法王、法主，而自在無礙。證入一切法自在之地。此時成就了如來、應供、正等正覺、師子吼的名號，才可以說我生已盡，梵行已立，所作已辦，不再受生。所以，世尊，此時才可說因爲成就師子吼，證悟佛法究竟義理，如來必定授記。

世尊，不再受生的智慧有兩種。第一種是所謂如來以無上調御力降伏了四魔⑦，超越一切世間，爲一切眾生所瞻仰。已證得了不可思議的自性法身，對所有的智慧之地，都能自在無礙。此時已更無所作，達到無所得的境地（已得一切），具勇猛的十力，上達第一、無上、無畏的境地。一切智慧

第一無上無畏之地。一切爾焰，無礙智觀，不由於他，不受後有智師子吼。

世尊，阿羅漢、辟支佛，度生死畏，次第得解脫樂。作是念：我離生死恐怖，不受生死苦。世尊，阿羅漢、辟支佛觀察時，得不受後有，觀第一蘇息處涅槃地。

世尊，彼先所得地，不愚於法，不由於他，亦自知得有餘地，必當得阿耨多羅三藐三菩提。

何以故？聲聞、緣覺乘皆入大乘；大乘者，即是佛乘。是故

---

之母，智觀無礙的成就，都不再依賴於外在，這種不再受生的智慧，使他能作師子吼。

（第二種不受後有智）世尊，阿羅漢、辟支佛度脫了對生死的怖畏，次第證得解脫樂的果位。心中生起了這樣的念頭（自認爲）：我遠離了生死的恐怖，不再受生死之苦。世尊，阿羅漢、辟支佛這樣觀察時也能夠不再受生，所觀的正是從輪迴長夜中甦醒而得休息的有餘涅槃。

世尊，如果他們在先前證得的有餘涅槃境界上，不被這現象所惑，也不仰賴他人，也能夠自知所證得的是有餘涅槃，那麼他們必將證得無上正等正覺。

爲什麼？因爲聲聞、緣覺乘都包含在大乘中；大乘即是佛乘。所以說三乘即是一乘。

三乘即是一乘。

得一乘者，得阿耨多羅三藐三菩提；阿耨多羅三藐三菩提者，即是涅槃界；涅槃界者，即是如來法身。

得究竟法身者，則究竟一乘。無異如來，無異法身。如來即法身。得究竟法身者，則究竟一乘。究竟者，即是無邊不斷。

世尊，如來無有限齊時住。如來、應、等正覺，後際等住。如來無限齊大悲，亦無限齊安慰世間。無限大悲，無限安慰世間。作是說者，是名善說如來。

世尊！若復說言無盡法、常

---

證得一乘的，就是證得無上正等正覺；所謂無上正等正覺，就是涅槃界；所謂涅槃界，就是如來法身。

所謂證得究竟法身，就是究竟一乘。法身無異如來；如來無異法身。如來就是法身。所謂證得究竟法身，就是究竟一乘。這裡所指的究竟，就是無邊無際，一切都是畢竟空，不必斷。

世尊，如來是沒有時空限制的。如來、應供、正等正覺與無限的未來等同。如來的大悲沒有界限，安慰世間眾生也沒有對象限制。如來具無限的大悲心，安慰無限的世間眾生。若是這麼說如來，就是善說如來。

世尊，說如來是無盡的（空間），是常住的

住法，一切世間之所歸依者，亦名善說如來。是故，於未度世間，無依世間，與後際等，作無盡歸依，常住歸依者，謂如來、應、等正覺也。

法者即是說一乘道，僧者是三乘眾。此二歸依，非究竟歸依，名少分歸依。何以故？說一乘道法，得究竟法身，於上更無說一乘法身。三乘眾者，有恐怖，歸依如來，求出修學，向阿耨多羅三藐三菩提。是故，二依非究竟依，是有限依。

若有眾生，如來調伏，歸依如來，得法津澤，生信樂心，歸

(時間)，是一切世間所歸依的，這也是善說如來。所以，那些尚未受度的世間眾生、那些無依的世間眾生，以及未來世中的眾生，如來、應供、正等正覺，正是他們無盡歸依、常住歸依的對象。

所謂佛法就是一乘道，所謂僧就是三乘的修行人。歸依於這兩者，都不是究竟歸依，只能說是少分(部分)歸依。怎麼說呢？佛說的一乘道法，目的是要證得究竟法身，此外就沒有所謂一乘法身。所謂三乘眾，是因為心中有所畏怖，才歸依於如來，求出離世間而學習佛道，趣向無上正等正覺。所以歸依於法、僧都不是究竟歸依，而是有限歸依(只是過程，不是終極)。

如果有眾生，由於如來的調伏邪見邪思，而歸依於如來，得佛法的滋養，產生信心、喜樂心，而

依法僧，是二歸依，非此二歸依，是歸依如來。

歸依第一義者，是歸依如來。此二歸依第一義，是究竟歸依如來。何以故？無異如來，無異二歸依。如來即三歸依。

何以故？說一乘道，如來四無畏，成就師子吼說。若如來隨彼所欲而方便說，即是大乘，無有三乘。三乘者，入於一乘。一乘者，即第一義乘。

## 無邊聖諦章第八

世尊，聲聞、緣覺初觀聖諦，以一智斷諸住地。以一智四

---

歸依於法、僧，這是前面所說的二歸依，這二歸依不能說是歸依如來。

所謂歸依的第一義，是歸依於如來。這二歸依的究竟第一義，也就是歸依如來。為什麼呢？二歸依即是歸依如來；歸依如來就是二歸依。三歸依的最究竟處，就是歸依如來。

怎麼說呢？談到一乘道，就是以如來的四無畏，成就師子吼。如果如來因隨順大衆的希望而說，那便是大乘，並不是另有三乘。所謂三乘，終究是包含在大乘中的，並非大乘之外，另有三乘獨立存在。一乘就是第一義乘。

## 無邊聖諦章第八

世尊，聲聞、緣覺因為初觀四聖諦，能以一智（知苦智）斷除有愛等四住地煩惱。這種以一智斷

斷，知功德作證，亦善知此四法義。

世尊，無有出世間上上智。四智漸至，及四緣漸至。無漸至法，是出世間上上智。

世尊，金剛喻者，是第一義智。世尊，非聲聞、緣覺不斷無明住地初聖諦智，是第一義智。世尊，以無二聖諦智斷諸住地。世尊，如來、應、等正覺，非一切聲聞、緣覺境界。不思議空智，斷一切煩惱藏。世尊，若壞一切煩惱藏究竟智，是名第一義智。初聖諦智，非究竟智，向阿耨多羅三藐三菩提智。

---

四種煩惱，可由他們能知四諦的功德爲證，但他們的成就也僅止於聲聞、緣覺所知四諦的法義。

世尊，他們並不具備超越世間的佛智。他們的四智是依序漸得的，他們的四緣⑧也是逐次而遇的。超越世間的上上智，則不是依序漸至的。

世尊，金剛喻定所得的金剛智，才是第一義的智慧。世尊，這金剛智不是聲聞、緣覺不能斷除無明住地的初聖諦智，而是能斷無明住地的第一義智。世尊，因爲沒有第二種聖諦智能斷所有的住地煩惱（特指無明住地）。世尊，如來、應供、正等正覺的境界，不是一切聲聞、緣覺的境界。如來不可思議的空性智，能斷一切煩惱的根源（無明住地）。世尊，像這樣能斷滅一切煩惱根源的究竟智，才是第一義智。二乘的初聖諦智，不是究竟智，只是趣向無上正等正覺的智慧。

世尊，勝義者，非一切聲聞、緣覺。聲聞、緣覺成就有量功德。聲聞、緣覺成就少分功德，故名之爲聖。聖諦者，非聲聞、緣覺諦，亦非聲聞、緣覺功德。世尊，此諦如來、應、等正覺初始覺知，然後爲無明㲉藏世間，開現演說，是故名聖諦。

## 如來藏章第七

聖諦者，說甚深義，微細難知，非思量境界，是智者所知。一切世間所不能信。何以故？此說甚深如來之藏。如來藏者，是如來境界，非一切聲聞、緣覺所

---

世尊，所謂最勝的佛義，不是那些聲聞、緣覺所能得的。聲聞、緣覺成就的是有限的功德。聲聞、緣覺雖然成就的是少量功德，但依方便說法，也可稱爲聖。眞正的聖諦，不是聲聞、緣覺所能知的眞理，也不是聲聞、緣覺所能成就的功德。世尊，這眞正的聖諦，只有如來、應供、正等正覺才能覺知，然後爲這被無明包覆卵藏⑨的世間衆生，顯現說明，所以稱爲聖諦。

## 如來藏章第七

所謂聖諦，說的是甚爲深奧的義理，微細難知，不是依靠思量的境界所能了解，而是佛智才能了解的。一切世間的凡夫、二乘、最後身菩薩都難以信受。爲什麼呢？因爲這聖諦說的正是義理深奧的如來寶藏。這如來藏是如來的境界，不是一切聲

知。如來藏處說聖諦義。如來藏處甚深故，說聖諦亦甚深，微細難知，非思量境界，是智者所知，一切世間所不能信。

## 法身章第八

若於無量煩惱藏所纏如來藏不疑惑者，於出無量煩惱藏法身亦無疑惑。於說如來藏、如來法身不思議佛境界，及方便說，心得決定者，此則信解說二聖諦。如是難知難解者，謂說二聖諦義。

何等爲說二聖諦義？謂說作聖諦義，說無作聖諦義。

---

聞、緣覺所能知。如來藏含藏的，才是聖諦的義理。如來藏的義理甚深，所以說聖諦的義理也甚深，微細難知，不是思量的境界所能了解，只有佛智才能了解，一切世間衆生所不能信受。

## 法身章第八

如果對於被無量煩惱藏所纏覆的如來藏不會產生疑惑，對於出離無量煩惱藏的如來法身，也就不會有疑惑。對於前面所說的如來藏、如來法身的不可思議如來境界，及方便說法，能夠決定不疑，這便是信、解所說的二聖諦。前面所說甚深微妙、難知難解的義理，就是二聖諦的義理。

什麼是二聖諦義？就是『作聖諦義』和『無作聖諦義』兩種。

說作聖諦義者，是說有量四聖諦義。何以故？非因他能知一切苦，斷一切集，證一切滅，修一切道。是故，世尊，有爲生死，無爲生死；涅槃亦如是，有餘及無餘。

說無作聖諦義者，說無量四聖諦義。何以故？能以自力知一切受苦，斷一切受集，證一切受滅，修一切受滅道。

如是八聖諦，如來說四聖諦。

如是無作四聖諦義，惟如來、應、等正覺事究竟，非阿羅漢、辟支佛事究竟。何以故？非

---

談到作聖諦義，指的是有量四聖諦義。怎麼說呢？因爲修行人因於他力並不能知一切苦、斷一切集、證一切滅、修一切道。所以，世尊，解脫生死可分爲有爲與無爲兩種；證入涅槃也一樣，可分爲有餘涅槃與無餘涅槃。

談到無作聖諦義，指的就是無量四聖諦義。怎麼說呢？因爲如來能以自力知一切受苦，斷一切受集，證一切受滅，修一切受滅的正道。

像這樣共有八聖諦（作與無作各四），如來說的聖諦，是指無量（無作）四聖諦。

這無作四聖諦，只有如來、應供、正等正覺修得四聖諦的究竟，不是阿羅漢、辟支佛所修的究竟四聖諦。怎麼說呢？證入無餘涅槃並不是由下而

下中上法得涅槃。

何以故，如來、應、等正覺，於無作四聖諦義事究竟？以一切如來、應、等正覺，知一切未來苦，斷一切煩惱、上煩惱所攝受一切集，滅一切意生身，除一切苦滅作證。

世尊，非壞法故，名爲苦滅。所言苦滅者，名無始無作，無起無盡，離盡常住，自性清淨，離一切煩惱藏。

世尊，過於恆沙不離不脫，不異不思議佛法成就，說如來法身。

---

中、由中而上的漸修之中⑩，所能證得。

爲什麼說如來、應供、正等正覺才是究竟修無作四聖諦？因爲一切如來、應供、正等正覺知道一切未來的苦，斷除了一切煩惱、隨煩惱的匯集，滅除了一切的意生身，他已除一切苦，滅苦亦除，並可爲此作證。

世尊，並不是滅除苦的外在現象（如生死的肉身）叫作苦滅。如來所說的苦滅，是指沒有起始、沒有作爲，不生起，也就沒有終點，離開了起始、作爲，也就是離開了終點，如此才能常住，使自性常保清淨，遠離一切煩惱的根源。

世尊，只有成就了無數的不離、不脫、不異不可思議的佛法，才能說是證得如來法身。

世尊，如是如來法身，不離煩惱藏，名如來藏。

## 空義隱覆真實章第九

世尊，如來藏智，是如來空智。世尊，如來藏者，一切阿羅漢、辟支佛、大力菩薩，本所不見，本所不得。

世尊，有二種如來藏空智。世尊，空如來藏，若離、若脫、若異一切煩惱藏。世尊，不空如來藏，過於恆沙不離、不脫、不異，不思議佛法。

世尊，此二空智，諸大聲聞能信如來。一切阿羅漢、辟支佛

---

世尊，這樣的如來法身，是不離煩惱藏的，才稱爲如來藏。

## 空義隱覆真實章第九

世尊，認知如來藏的佛智，就是如來觀空的智慧。世尊，這如來藏，本來就不是阿羅漢、辟支佛、大力菩薩所能見能得。

世尊，如來藏空智有兩種。世尊，一種是如來藏自性清淨，與一切煩惱藏若離、若脫、若異的空如來藏。世尊，另一種是不空如來藏，即如來法身，與無數的煩惱藏不離、不脫、不異，是不可思議的佛法。

世尊，這兩種空智，只有親聞佛法的利根聲聞弟子（如舍利弗），才能相信如來所說。一切阿羅

空智，於四不顛倒境界轉。是故，一切阿羅漢、辟支佛本所不見，本所不得。一切苦滅，惟佛得證，壞一切煩惱藏，修一切滅苦道。

## 一諦章第十

世尊，此四聖諦，三是無常，一是常。何以故？三諦入有爲相。入有爲相者，是無常。無常者，是虛妄法。虛妄法者，非諦、非常、非依。是故，苦諦、集諦、道諦，非第一義諦，非常、非依。

---

漢、辟支佛的空智，只能達於無常、苦、無我、不淨四不顛倒的境界。所以，如來藏的空智本來就是一切阿羅漢、辟支佛所不能見、不能得。只有佛能證一切苦滅、能壞一切煩惱藏，能修滅一切苦、滅苦亦除的佛道。

## 一諦章第十

世尊，這四聖諦中，有三種是無常，一種是常。怎麼說呢？因爲其中三種是有爲相。既屬有爲相，就是無常。既是無常，就是虛妄的現象。既是虛妄的現象，就不是眞理、不是常、不是可以依憑的。據此，苦諦、集諦、道諦就不是第一聖諦，不是常、不可依憑。

## 一依章第十一

一苦滅諦，離有爲相。離有爲相者，是常。常者，非虛妄法。非虛妄法者，是諦、是常、是依。是故，滅諦是第一義。

## 顛倒真實章第十二

不思議是滅諦，過一切眾生心識所緣，亦非一切阿羅漢、辟支佛智慧境界。譬如生盲不見眾色，七日嬰兒不見日輪。苦滅諦者，亦復如是，非一切凡夫心識所緣，亦非二乘智慧境界。

凡夫識者，二見顛倒。一切

---

## 一依章第十一

只有這苦滅諦，離開了有爲相。既是離開了有爲相，就是常。恆常不變的，就不是虛妄的現象。不是虛妄的現象，就是眞理、是常，是可以依憑（歸依）的。據此，滅諦才是第一義諦。

## 顛倒眞實章第十二

這不可思議的眞理就是滅諦，它超越了一切眾生的心識所能攀緣的對象，也不是一切阿羅漢、辟支佛的智慧境界所及。這就像天生的盲人無法分辨顏色，初生七日內的嬰兒無法看見太陽一般。苦滅諦的情形也是一樣，不是一切凡夫的心識所能攀緣，也不是二乘的智慧境界所及。

凡夫的識心，總是停留在二見（見常、見斷）

阿羅漢、辟支佛智者，則是清淨。

邊見者，凡夫於五受陰，我見妄想計著，生二見，是名邊見。所謂常見、斷見。見諸行無常，是斷見，非正見；見涅槃常，是常見，非正見。妄想見故，作如是見。於身諸根，分別思惟，現法見壞，於有相續不見，起於斷見，妄想見故。於心相續，愚暗不解，不知剎那間意識境界，起於常見，妄想見故。此妄想見，於彼義若過若不及，作異想分別，若斷若常。

顛倒眾生，於五受陰，無常

---

的顛倒中。而一切阿羅漢、辟支佛的智慧，則是只能及於清淨（偏空或寂滅）。

所謂邊見，譬如凡夫對於自己的五受陰，因妄想執著的我見，而生出二見，這就是邊見。像常見、斷見就是兩種邊見。見到諸行無常，這是斷見，不是正見；見涅槃的常，這是常見，不是正見。這些都是妄想所見，才有這樣的認知。對肉身的六根，分別加以思惟，在眼前所見的現象中，即可看到敗壞，因而對於三界之有的相續不能見，便生起斷見，這就是妄想所見。對於心念剎那生滅而相續的現象愚昧無知，不知道心念其實是剎那間即滅的道理，而生起心念是常住的見解，這也是妄想所見。這種妄想見，對認知的對象做出了過或不及的推測，而妄加異想、分別，像斷見、常見都是。

這顛倒的衆生，則是對於五受陰的身體，本是常想，苦有樂想，無我我想，不淨淨想。

一切阿羅漢、辟支佛淨智者，於一切智境界，及如來法身，本所不見。

或有眾生，信佛語故，起常想、樂想、我想、淨想。非顛倒見，是名正見。何以故？如來法身，是常波羅蜜，樂波羅蜜，我波羅蜜，淨波羅蜜。於佛法身作是見者，是名正見。正見者，是佛眞子，從佛口生，從正法生，從法化生，得法餘財。

世尊，淨智者，一切阿羅漢、辟支佛智波羅蜜。此淨智

---

無常卻作常想，本是苦卻作有樂想，本是無我卻作有我想，本是不淨卻作淨想。

所謂一切阿羅漢、辟支佛的清淨智，是指他們沒有衆生的顚倒，但對於如來一切智的境界，及如來法身（常），仍然不能見、不能得。

如果有些衆生，因爲對佛所說的話生起信心，而對如來法身有了常、樂、我、淨的認知。這不是顚倒妄見，這是正見。怎麼說呢？因爲如來法身本來就是成就常、樂、我、淨的涅槃功德才得顯現。對於如來法身具這樣的認知，就是正見。具備這樣的正見，是眞正的佛子，從佛口、從正法生，從佛法化生，眞得佛法的寶藏。

世尊，所謂清淨智，是一切阿羅漢、辟支佛度脫生死的智德。這清淨智雖然稱作清淨智，但是在

者，雖曰淨智，於彼滅諦尚非境界，況四依智。何以故？三乘初業不愚於法，於彼義當覺、當得。爲彼故，世尊說四依。

世尊，此四依者，是世間法。世尊，一依者，一切依止，出世間上上、第一義依，所謂滅諦。

## 自性清淨章第十三

世尊，生死者，依如來藏。以如來藏故，說本際不可知。世尊，有如來藏，故說生死，是名善說。

---

滅諦上並未究竟，就更別說那四依智了⑪。怎麼說呢？爲了使初修三乘果位的修行人，不因佛法的高深而迷惑，對究竟的佛智未來必定有所覺了，有所證得，才說這四依智。這都是爲了衆生才說的方便法。

世尊，這裡所說的四依，是世間法。世尊，有一種依是唯一的，是一切依的依止，是出世間的上上依，是第一義的依，這便是滅諦。（指由四依智，漸至清淨智，進而達到無作滅諦的佛智。）

## 自性清淨章第十三

世尊，生死流轉是以如來藏爲主體才有的。因爲有如來藏常住畢竟空，所以才說沒有過去、現在、未來的時間分隔，沒有起始，也沒有終點。世尊，以常住不變的如來藏，說明生死輪轉的原因，世尊，生死生死者，諸受根沒，次第不受根起，是名生死。世尊，生死者，此二法是如來藏。

世間言說，故有死有生。死者，謂諸根壞；生者，新諸根起。非如來藏有生有死。如來藏離有為相；如來藏常住不變。是故，如來藏是依、是持、是建立。世尊，不離、不斷、不脫、不異，不思議佛法。世尊，斷、脫、異、外有為法依持建立者，是如來藏。

世尊，若無如來藏者，不得

---

這才是善說。

世尊，生死不斷的現象，表現在六根的諸受消滅，逐漸失去知覺，這便是生死。世尊，所謂生死，就是生與死兩種現象依於如來藏而顯現。

因於世間的認知概念，才有生與死的現象。死是諸根壞滅；生是新的諸根生起。但這並不代表如來藏有生有死。如來藏與一切有作為的現象無關；如來藏是常住不變的。所以，如來藏是可依止的、可持守的、可成立的。世尊，如來藏不離、不斷、不脫、不異一切有為法，是不可思議的佛法。世尊，如來藏斷離、脫離、異於、無涉有為法，又是有為法所依止、持守、建立的根據。

世尊，如果沒有如來藏，眾生便不會厭苦而樂厭苦、樂求涅槃。何以故？於此六識及心法智，此七法剎那不住，不種眾苦，不得厭苦、樂求涅槃。世尊，如來藏者，無前際，不起、不滅法，種諸苦，得厭苦，樂求涅槃。

世尊，如來藏者，非我、非眾生、非命、非人。如來藏者，墮身見眾生，顛倒眾生，空亂意眾生，非其境界。

世尊，如來藏者，是法界藏、法身藏、出世間上上藏、自性清淨藏。

此自性清淨如來藏，而客塵煩惱、上煩惱所染，不思議如來

---

求涅槃果位。爲什麼呢？因爲六識與末那識這七種現象，都是剎那生滅而不住留的，它們無法積蓄眾苦，因此也不會產生厭苦心及樂求涅槃的心。世尊，只有這如來藏，沒有起始處，沒有生滅現象，能積蓄眾苦，因此也會厭苦而樂求涅槃。

世尊，如來藏並不是我、眾生，或者生命、人⑫。如來藏的境界，不是墮於有身見的眾生、顛倒的眾生，或者迷惑於空性的眾生⑬所能認知的。

世尊，如來藏是法界藏，是法身藏，是出世間的上上藏，是自性清淨藏。

這自性清淨的如來藏，也是爲一切客塵煩惱、隨煩惱所染，不可思議的如來境界。怎麼說呢？剎

境界。何以故？剎那善心，非煩惱所染；剎那不善心，亦非煩惱所染。煩惱不觸心，心不觸煩惱。云何不觸法而能得染心？世尊，然有煩惱，有煩惱染心，自性清淨心而有染者，難可了知。惟佛世尊，實眼實智，爲法根本，爲通達法，爲正法依，如實知見。」

勝鬘夫人說是難解之法，問於佛時，佛即隨喜：「如是！如是！自性清淨心而有染污，難可了知。有二法難可了知，謂自性清淨心難可了知；彼心爲煩惱所染，亦難可了知。如此二法，汝

---

那間生起的善心，不是煩惱所染；剎那間生起的不善心，也不是煩惱所染。煩惱並不觸心，心也不觸煩惱。那麼心既不與外塵接觸，爲什麼會使心受染呢？世尊，但事實上是有煩惱，也有煩惱染心，這自性清淨的心會受染，眞是難以了知啊！只有佛、世尊的眞實法眼、眞實智慧，是佛法的根本，能通達一切法，是正法所依，才能如實了知、洞見這眞實的境界⑭。」

當勝鬘夫人提出這難以了知的如來藏現象，向佛請教時，佛陀立即高興地說：「正是如此！自性清淨的本心卻會受染，確實是難以了知。這中間有兩種現象難以了知：一是自性清淨的本心，難以了知；二是這本心爲何會被煩惱所染，難以了知。這兩種現象的解說，只有你和已成就大法的大菩薩們

及成就大法菩薩摩訶薩乃能聽受。諸餘聲聞，惟信佛語。

## 真子章第十四

若我弟子，隨信、信增上者，依明信已，隨順法智，而得究竟。

隨順法智者，觀察施設根意解境界，觀察業報，觀察阿羅漢眼（眠），觀察心自在樂禪樂，觀察阿羅漢、辟支佛、大力菩薩聖自在通。此五種巧便觀成就，於我滅後，未來世中，我弟子隨信、信增上，依於明信，隨順法智，自性清淨心，彼爲煩惱染

---

能夠理解接受。其他的聲聞們，他們只能信受佛所說的道理。

## 真子章第十四

如果是我佛門弟子，就應該隨順信心，使信心增上，逐漸由信心而生智慧，再隨順無生法忍的智慧，便能達到究竟了識的境界。

所謂隨順法智，即是以智慧作五種觀察。一是觀察六根的虛妄作用，一切現象都是心識所現；二是觀察生死流轉業報的依據；三是觀察阿羅漢未斷除的無明住地煩惱；四是觀察心自在樂的禪樂；五是觀察阿羅漢、辟支佛、大力菩薩的智慧自在神通。要成就這五種善巧方便觀察，在我滅度後的未來世中，我佛門弟子必須依據前面所說，隨順信心、信心增上，由信心而生智慧，再隨順無生法忍

污，而得究竟。是究竟者，入大乘道因。信如來者，有如是大利益，不謗深義。」

## 勝鬘章第十五

爾時，勝鬘白佛言：「更有餘大利益，我當承佛威神，復說斯義。」

佛言：「更說。」

勝鬘白佛言：「三種善男子、善女人，於甚深義，離自毀傷，生大功德，入大乘道。何等爲三？謂若善男子、善女人，自成就甚深法智；若善男子、善女

---

的智慧，觀察自性清淨的本心，如何被煩惱所染，便能獲得究竟。這究竟便是入於大乘佛法的道因。能對如來所說生起信心的人，便能獲得如此的大利益，更不會去毀謗佛法的甚深義理。」

## 勝鬘章第十五

這時，勝鬘又對佛陀說：「還有更多、更大的利益，我要秉承佛陀的神威，再加以說明。」

佛陀說：「你接著說吧！」

勝鬘於是對佛陀說：「善男子、善女人因爲對佛陀所說的甚深義理，有三種不同的信解，使他們不會自我毀傷，更因此而獲得大功德，入大乘道。是那三種呢？一是善男子、善女人以自力成就甚深的法智；二是善男子、善女人以隨順法智而成就；

人，成就隨順法智；若善男子、善女人，於諸深法不自了知，仰推世尊：『非我境界，惟佛所知。』是名善男子、善女人仰推如來。

除此諸善男子、善女人已，諸餘眾生，於諸深法，堅著妄說，違背正法，習諸外道腐敗種子者，當以王力及天龍鬼神力而調伏之。」爾時勝鬘與諸眷屬頂禮佛足。

佛言：「善哉，善哉。勝鬘，於甚深法，方便守護，降伏非法，善得其宜。汝已親近百千億佛，能說此義。」

---

三是善男子、善女人雖然自己無法了知深法，卻能向上推崇世尊：『這不是我能了解的境界，只有佛陀能知。』這便是善男子、善女人能向上推崇如來。

除了這些善男子、善女人，其他的眾生，如果在面對這些深奧的佛法時，仍然堅持種種妄說，違背正法，去學習那些有如腐敗種子的外道法門，必當以王者之力及天龍鬼神的力量，調教降伏他們。」說完這些話，勝鬘便與眷屬們，一起向佛陀致上最敬禮。

佛陀接著說：「好啊！好啊！勝鬘，你能夠對這甚深的法義方便守護，降伏外道非法，照這樣好好地做。你在過去世已親近了百千億諸佛，才能說出這些道理。」

爾時，世尊放勝光明，普照大眾，身昇虛空，高七多羅樹，足步虛空，還舍衛國。時勝鬘夫人與諸眷屬，合掌向佛，觀無厭足，目不暫捨，過眼境已，踴躍歡喜，各各稱歎如來功德，具足念佛。還入城中，向友稱王，稱歎大乘。城中女人，七歲已上，化以大乘。友稱大王，亦以大乘化諸男子，七歲已上，舉國人民皆向大乘。

爾時，世尊入祇洹林，告長老阿難，及念天帝釋。應時帝釋與諸眷屬，忽然而至，住於佛前。

---

這時，世尊身上放射出殊勝的光芒，普照與會的大衆，身體上昇在空中，高有七棵多羅樹，腳踏虛空，回舍衛國去了。這時，勝鬘夫人和家眷們，各各向佛合掌，觀看佛陀離去的身影，眼光一刻也不暫離，直到佛陀的身影消逝，仍是滿心歡喜，各各口中贊歎如來的功德，不停地念著佛號。他們回到城中，便向友稱王稱讚如來所說的大乘妙法。城中七歲以上的女人都接受了大乘佛法的教化。友稱王也以大乘佛法教化城中男子，舉國人民七歲以上都歸依大乘。

這時，世尊回到了祇洹林，召來阿難並以念力召喚帝釋天。即時，帝釋天帶著眷屬們便來到世尊面前。

爾時，世尊向天帝釋及長老阿難，廣說此經。

說已，告帝釋言：「汝當受持讀誦此經。憍尸迦，善男子、善女人，於恆沙劫修菩提行，行六波羅蜜。若復善男子、善女人，聽受讀誦，乃至執持經卷，福多於彼，何況廣為人說？是故，憍尸迦，當讀誦此經，為三十三天分別廣說。」

復告阿難：「汝亦受持讀誦，為四眾廣說。」

時天帝釋白佛言：「世尊，當何名斯經？云何奉持？」

佛告帝釋：「此經成就無量

---

這時，世尊便向帝釋天及長老阿難再度演說這部勝鬘經。

講經結束後，世尊又對帝釋天說：「你要好好地受持讀誦這部經。憍尸迦（帝釋天名），假如有善男子、善女人能聽受讀誦，以及執守受持這部經，所得的福報，要比那些無數劫以來即修菩提道、行六波羅蜜的人還多。至於能為眾生廣為宣講的，福報就更多了。所以，憍尸迦，你要好好讀誦這部經，更要在三十三天中廣為宣講。」

佛陀回過來，又對阿難說：「你也要受持讀誦這部經，並廣為四眾弟子宣講。」

這時帝釋天便問佛陀：「世尊，這部經要取什麼名？要如何奉持？」

佛陀告訴帝釋天：「這部經成就了無量無邊的

無邊功德，一切聲聞、緣覺，不能究竟觀察知見。憍尸迦，當知此經，甚深微妙，大功德聚。今當爲汝略說其名。諦聽！諦聽！善思念之。」

時天帝釋及長老阿難白佛言：「善哉，世尊，唯然受教。」

佛言：「此經稱歎如來眞實第一義功德，如是受持。不思議大受，如是受持。一切願攝大願，如是受持。說不思議攝受正法，如是受持。說入一乘，如是受持。說無邊聖諦，如是受持。說如來藏，如是受持。說如來法身，如是受持。說空義隱覆眞

---

功德，一切聲聞、緣覺的智慧，還無法究竟觀察了知。憍尸迦，要知道這部經的義理甚深而微妙，是大功德所聚。我今天就爲你們大略說明一下，你們要好好地聽著，並且善加憶念。」

這時帝釋天和長老阿難便告訴佛陀：「好啊！世尊，我們必當受教。」

佛陀說：「這部經贊歎了如來的眞實第一義功德，你們要如此受持。有不可思議的十大受，你們要如此受持。此願是包含一切願的大願，你們要如此受持。這部經說的是不可思議的攝受正法，你們要如此受持。這部經說的是三乘入一乘，你們要如此受持。這部經說的是無邊的無作四聖諦，你們要如此受持。這部經說的是如來藏義理，你們要如此受持。這部經說的是如來法身的眞義，你們要如此

實，如是受持。說一諦，如是受持。說常住安隱一依，如是受持。說顛倒眞實，如是受持。說自性清淨心隱覆，如是受持。說如來眞子，如是受持。說勝鬘夫人師子吼，如是受持。

復次，憍尸迦，此經所說，斷一切疑，決定了義，入一乘道。憍尸迦，今以此說，勝鬘夫人師子吼經付囑於汝，乃至法住，受持讀誦，廣分別說。」

帝釋白佛言：「善哉！世

---

受持。這部經說的是空深藏而眞實的義理，你們要如此受持。這部經說的是滅諦一諦含攝四諦，你們要如此受持。這部經說的是常住安隱的涅槃唯一歸依，你們要如此受持。這部經說的是四顚倒與眞實的常樂我淨，你們要如此受持。這部經說的是如來藏自性清淨而隱覆的義理，你們要如此受持。這部經說的是眞正的佛子，你們要如此受持。這部經說的是勝鬘夫人所說，如師子吼般的眞義，你們要如此受持。

更重要的是，憍尸迦，這部經所說的義理，能斷除一切疑惑，是佛法最肯定、最究竟的義理，能使衆生生信而入一乘道。憍尸迦，現在以這部勝鬘師子吼經，付囑於你，要使此經長住世間，受持讀誦，並廣爲宣揚。」

帝釋天回應佛陀：「好啊！世尊，我頂禮領受尊，頂受尊教。」

時天帝釋，長老阿難，及諸大會，天、人、阿修羅、乾闥婆等，聞佛所說歡喜奉行。

世尊的教喻。」

當時，帝釋天和長老阿難，以及那些參加法會的天、人、阿修羅、乾闥婆等，在聽了佛陀的開示以後，都歡喜奉行。

# 註釋

①心在此處指意念中的貪瞋痴；身指殺盜淫；四指四種口業：妄語、惡口、綺語、兩舌。合爲身口意三業。

②爾焰：亦作爾炎。譯爲智母，指能生一切智慧。

③一切無行即畢竟空、寂滅、無作。阿羅漢存追求涅槃的心，就是畏懼生死的心，因而想要住於涅槃。這種想離生死的心，就如有人要殺他一般。這畏懼生死的心，還是根源於不能了悟生死本是虛妄。

④七種學人指在有學階段的七種賢聖。即四雙八輩中去除阿羅漢的其餘七種，因阿羅漢已至無學。

⑤見一處住地煩惱即見惑；欲愛、色愛、有愛住地煩惱即思惑。欲愛即欲界煩惱；色愛即色界煩惱；有愛即無色界煩惱。

⑥本段所說的各種上（隨）煩惱，是指無明住地未斷，便會生起各種障礙修道的煩惱。例如止上煩惱，即指修止（定）的障礙。

⑦四魔：一、煩惱魔：衆生心中的魔障；二、五蘊魔：肉身不淨，產生的各種感官需

求；三、死魔：生命無常，成爲修道的障礙；四、天魔：即他化自在天。大智度論：得無生法忍降伏煩惱魔；得法身降伏五蘊魔；得無生法忍及法身降伏死魔；得不動三昧降服天魔。

⑧四緣：緣苦而生知苦智；緣煩惱而生斷集智；緣八正道而生修道智；緣惑業盡而生證滅智。四者次第而至，所以是四緣漸至。

⑨指有㲉的鳥蛋一般。㲉喻無明，卵喻衆生。衆生被無明覆蓋，佛爲衆生演說，衆生才能破無明（㲉）而出。

⑩此下中上法，分別指七種學人、阿羅漢、辟支佛所修的漸次法，均未達究竟。

⑪四依智：此處四依智有兩種解釋。對照前文「四智漸至，四緣漸至。」的說法，這四依智應是依循知苦、斷集、修道、證滅，逐漸獲得的四種智慧。另一說法指這四依智是依法不依人、依義不依語、依智不依識、依了義不依不了義。但這四依講的是對佛法有所疑惑時，用作判別正法的標準，與本經所說無關。此處分明講的是修行的漸次、方便法。

⑫這裡講「如來藏者，非我、非衆生、非命、非人」就是金剛經所講的「無我相、人相、衆生相、壽者相」。金剛經講空、無我，如來藏的實相也是畢竟空。此處即在強

調畢竟空。

⑬這裡是在說明有三種人無法達到如來藏思想所說的悟境：

1.是墮身見的衆生：即凡夫執持我爲實有。

2.是四顚倒的衆生：以無常作常想；苦作樂想；無我作有我想；不淨作淨想的衆生。

3.空亂意衆生：即執持偏空的二乘人。

⑭本段的重點是在辨別虛妄與眞實。如來藏是眞實；煩惱是虛妄。虛妄當然不能染眞實，兩者根本上是不互相接觸的。我們所看到的雖是有煩惱的現象，但這不是如來藏受染。依筆者之見，一切虛妄是無明的作用，僅供讀者參考。因此處講如來藏自性清淨已涉及到哲學上的立論前提，連勝鬘也只能說「諸餘聲聞，惟信佛語」，這已不是論理，而是證理，以悟道印證佛說。

# 附錄　大寶積經卷第一百一十九　勝鬘夫人會

如是我聞，一時，佛在舍衛國祇樹給孤獨園。

時憍薩羅波斯匿王及末利夫人，初證法已，共相謂言：「我女勝鬘，慈晤聰慜，多聞智慧。若見如來，於甚深法，速能解了，無諸疑惑。我今應當令善諭者，發其誠信。」

作是議已，王及夫人即便作書，稱揚如來眞實功德。時遣一使，名眞提羅，奉持王書，詣無鬥城，授勝鬘夫人。時勝鬘夫人，發書尋繹，頂受忻慶，生希有心。向眞提羅，而說偈言：

我聞如來聲，世間頗難遇；斯言若眞實，當賜汝衣服。

若彼佛世尊，爲利世間現，必應見哀愍，令我睹眞相。

言念須臾頃，佛於虛空中，現不思議身，普放大光明。

勝鬘及眷屬，皆悉來集會，合掌瞻仰禮，稱讚大導師。

如來妙色身，世間無與等，無比不思議，是故今敬禮。

如來色無盡，智慧亦復然，一切法常住，是故我歸依。

善調心過惡，及與身四種，到不思議地，故我今敬禮。

知諸爾炎法，智身無罣礙，於法無忘失，故我今敬禮。

稽首過稱量，稽首無倫等，稽首法自在，稽首超思惟。
哀愍覆護我，令法種增長，逮及最後身，常在如來前。
我所修福業，此世及餘生，由斯善根力，願佛恆攝受。
時勝鬘夫人說此偈已，及諸眷屬、一切大眾，頂禮佛足。爾時，世尊即爲勝鬘，而說偈言：
我昔爲菩提，曾已開示汝。
今復值遇我，及來世亦然。
說此偈已，即於會中，授勝鬘夫人阿耨多羅三藐三菩提記：「汝今稱歎如來殊勝功德，以此善根，當於無量阿僧祇劫，天人之中，爲自在王。諸所受用，皆悉具足。所生之處，常得遇我。現前稱歎，如今無異。復當供養無量無數諸佛世尊，過二萬阿僧祇劫，當得作佛，號曰普光如來、應、正等覺。
彼佛國土，無諸惡趣，衰老病苦。亦無不善、惡業道名。
其中眾生，形色端嚴，具五妙境，純受快樂，蔽於他化自在諸天。
彼諸眾生，皆趣大乘。諸有如是學大乘者，悉來生彼。」
時勝鬘夫人得授記已，無量天人，心懷踴躍，咸願往生彼佛世界。是時，世尊皆與授記，當生彼國。

時勝鬘夫人聞佛記已，於如來前，合掌而立，發十弘誓。作如是言：「世尊，我從今日，乃至菩提，於諸受戒，不起犯心。

世尊，我從今日，乃至菩提，於諸師長，不起慢心。

世尊，我從今日，乃至菩提，於諸眾生，不起恚心。

世尊，我從今日，乃至菩提，於諸勝己，及諸勝事，不起妬心。

世尊，我從今日，乃至菩提，雖有少食，不起慳心。

世尊，我從今日，乃至菩提。不自爲己，受畜財物。凡有所受，爲濟貧苦有情之類。

世尊，我從今日，乃至菩提，不求恩報，行四攝事。無貪利心，無厭足心，無限礙心，攝受眾生。

世尊，我從今日，乃至菩提，見諸眾生，無有依怙，幽繫疾惱，種種危厄，終不捨離，必願安隱。以善饒益，令免眾苦。

世尊，我從今日，乃至菩提，若見一切，諸惡律儀，毀犯如來清淨禁戒，凡我所攝城邑聚落，應調伏者，而調伏之，應攝受者，而攝受之。

何以故？以調伏攝受故，則正法久住。正法久住故，天人充滿，惡道減少。能令如來法輪常轉。

世尊，我從今日，乃至菩提，攝受正法，終不忘失。

何以故？忘失正法，則忘大乘。忘大乘者，則忘波羅蜜。忘波羅蜜者，則捨大乘。若諸菩薩，有於大乘不決定者，攝受正法則不堅固，便不堪任超凡夫境，則爲大失。

世尊，現在未來，攝受正法諸菩薩等，具足無邊廣大利益。

發斯弘誓，聖主世尊雖復證知，而諸有情善根微薄，或起疑網，以十弘誓難成就故，彼或長夜習不善法，受諸苦惱。爲欲利益如斯眾生，今於佛前，發誠實誓。

世尊，我今發此十弘誓願，若實不虛，於大眾上，當雨天花，出天妙音。」

勝鬘夫人於如來前作斯言已，時虛空中即雨天花，出天妙音。歎言：「善哉，勝鬘夫人。如汝所說，眞實無異。」

爾時，眾會既睹斯瑞，無諸疑惑，生大歡喜，同聲唱言：「願與勝鬘夫人所生之處，同其願行。」時佛世尊，悉記大眾，如其所願。

爾時，勝鬘夫人復於佛前發三弘願：「以茲願力，利益無邊諸有情類。

第一願者，以我善根，於一切生，得正法智；

第二願者，若我所生，得正智已，爲諸衆生，演說無倦；第三願者，我爲攝受護持正法，於所生身不惜軀命。」

爾時，世尊聞斯願已，告勝鬘言：「如一切色，悉入空界。如是菩薩恆沙諸願，悉入茲願。此三願者，眞實廣大。」

爾時，勝鬘夫人復白佛言：「世尊，今當承佛威神，辯才之力，欲說大願。幸垂聽許。」

佛言：「勝鬘，恣汝所說。」

勝鬘夫人言：「菩薩所有恆沙諸願，一切皆入一大願中。一大願者，所謂攝受如來正法。如是攝受正法，眞實廣大。」

佛言：「善哉，勝鬘，汝久修習，智慧方便，甚深微妙。有能解了汝所說義，彼於長夜，植諸善本。如汝所說，攝受正法，皆是過去、未來、現在諸佛，已說、今說、當說。我得無上正等菩提，亦復常以種種相，說攝受正法。如是稱揚攝受正法，所有功德無有邊際。如來智慧亦無邊際。何以故？是攝受正法，有大功德，有大利益。」

時勝鬘夫人復白佛言：「世尊，我當承佛威神之力，更復演說攝受正法廣大之義。」

佛言：「聽汝所說。」

勝鬘夫人言：「攝受正法廣大義者，爲得無量一切佛法，乃至能攝八萬行蘊。

譬如劫初，興諸色雲，雨眾寶雨。如是攝受正法，善根之雲，能雨無量福報之雨。

世尊，又如劫初，大水之中，能生三千大千界藏，及四百億種種類洲。如是攝受正法，出生大乘無量界藏。並諸菩薩神通之力，種種法門，一切世間及出世間，安樂具足。一切天人，所未曾有。

又如大地荷四重擔。何等爲四？一者大海，二者諸山，三者草木，四者眾生。如是攝受正法，諸善男子及善女人，堪能荷負四種重任，逾彼大地。

何等爲四？謂離善友，無聞非法，諸有情類，以人天善根，而成熟之。求聲聞者，授聲聞乘；求獨覺者，授獨覺乘；求大乘者，授以大乘。是名攝受正法。諸善男子及善女人，堪能荷負四種重任，逾彼大地。

世尊，如是攝受正法，善男子善女人等，建立大地，堪能荷負四種重任。普爲眾生作不請友，大悲利益哀愍有情，爲世法母。

又如大地，是四種寶所生之處。何等爲四？一者無價，二者上價，三者中價，四者下價。如是攝受正法善男子善女人，建立大地，有情遇已，獲四大寶。一切寶中最爲殊勝。

何等爲四？謂諸有情，遇斯善友，或有獲得人天善根，有證聲聞及辟支佛或無上乘，善根功德，是名攝受正法善男子善女人，建立大地，有情遇已，便能獲得四種大寶。世尊，出大寶者，名爲眞實攝受正法。

世尊，言攝受正法者，謂無異正法，無異攝受正法。正法即是攝受正法。

世尊，無異波羅蜜，無異攝受正法。攝受正法即是波羅蜜多。

何以故？攝受正法善男子善女人，應以施成熟者，以施成熟，乃至捨身，隨順彼意，而成熟之。令彼有情，安住正法，是名施波羅蜜。

應以戒成熟者，守護六根，淨身語意，乃至威儀，隨順彼意，而成熟之。令彼有情，安住正法，是名戒波羅蜜。

應以忍成熟者，若彼有情，罵詈毀辱，誹謗擾亂。以無恚心，及利益心，最上忍力，乃至顏色亦不變異，隨順彼意，而成熟之。令彼有情，安住正法，是名忍波羅蜜。

應以精進而成熟者，於彼有情不起懈怠、下劣之心，起大樂欲，最上精進，於四威儀，隨順彼意，而成熟之。令彼有情，安住正法，是名精進波羅蜜。

應以靜慮而成熟者，於彼有情，以無散亂成就正念，曾所作事，終不忘失，隨順彼意，而成熟之。令彼有情，安住正法，是名靜慮波羅蜜。

應以智慧而成熟者，彼諸有情，爲利益故，問諸法義。以無倦心，而爲演說，一切諸論，一切明處，乃至種種工巧之處，令得究竟，隨順彼意，而成熟之。令彼有情，安住正法，是名智慧波羅蜜。

是故，世尊，無異波羅蜜，無異攝受正法。攝受正法即是波羅蜜。」

時勝鬘夫人復白佛言：「世尊，我今承佛威神，辯才之力，復說大義。」

佛言：「云何大義？」

「世尊，攝受正法者，無異攝受正法，無異攝受正法者。攝受正法善男子善女人，則是攝受正法。

何以故？若攝受正法善男子善女人，爲正法故，捨身命財。如是人等，以捨身故，證生死後際，遠離老病，得不壞常，無有變易，究竟寂靜，不可思議如來法身。以捨命故，證生死後際，永離於死，得無邊常，成就不可思議諸善功德，安住一切佛法神變。以捨財故，證生死後際，超過有情，無盡無滅，果報圓滿，具不思議功德莊嚴，爲諸有情尊重供養。

世尊，捨身命財，攝受正法善男子善女人等，爲諸如來之所授記。

世尊，若善男子善女人，正法欲滅，有諸比丘、比丘尼、優婆塞、優婆夷，互相朋黨，起諸諍訟，以不諂曲、不欺誑心，愛樂正法、攝受正法，入善朋中。入善朋者，必爲諸佛之所授記。世尊，我見攝受正法，有斯大力。如來以此爲眼，爲法根本，爲引導法，爲通達法。」

爾時，世尊聞勝鬘夫人所說，攝受正法有大威力，歎言：「如是，如是。善哉，勝鬘，如汝所說，攝受正法大威德力，如大力士，微觸末摩，生大苦痛，更增重病。如是，勝鬘，假令少分攝受正法，令魔波旬痛切愁惱，悲號歎息，亦復如是。

勝鬘，我常不見餘一善法，令魔愁惱，猶如少分攝受正法。

勝鬘，譬如牛王，形色端正，身量殊特，蔽於諸牛。如是，勝鬘，修大乘者，設令少分攝受正法，即能蔽於聲聞、獨覺一切善法。

勝鬘，又如須彌山王，高廣嚴麗，蔽於眾山。如是，勝鬘，初趣大乘，以饒益心，不顧身命，攝受正法，便能超過，顧其身命，久住大乘，一切善根。

是故，勝鬘，當以攝受正法，開示、教化一切有情。如是，勝鬘，攝受正法，獲大福利，及大果報。

勝鬘，我於無數阿僧祇劫，稱讚如是攝受正法，所有功德，不得邊際。是故攝受正法，成就如是無量功德。」

佛告勝鬘：「汝今復應演我所說攝受正法，一切諸佛共所愛樂。」

勝鬘白言：「善哉，世尊，攝受正法者，則名大乘。何以故？大乘者，出生一切聲聞、獨覺，世出、世間所有善法。如阿耨達池出八大河。如是，大乘出生一切聲聞、獨覺，世出、世間所有善法。

世尊，又如一切種子、草木、叢林，皆依大地而得生長。如是，一切聲聞、獨覺，世出、世間所有善法，皆依大乘，而得生長。

是故，世尊，住於大乘、攝受大乘，即住攝受聲聞、獨覺，世出、世間所有善法。如佛世尊所說六處，謂正法住、正法滅，別解脫、毘奈耶，正出家、受具足，為大乘故，說此六處。

所以者何？正法住者，為大乘說；大乘住者，即正法住。正法滅者，為大乘說；大乘滅者，即正法滅。

別解脫、毘奈耶，此之二法，義一名異。毘奈耶者，即大乘學。所以者何？為佛出家，而受具足。是故，大乘戒蘊，是毘奈耶，是正出家，是受具足。

世尊，阿羅漢者，無有出家及受具足。何以故？阿羅漢不為如來出家受具足故。

阿羅漢有怖畏想，歸依如來。何以故？阿羅漢於一切行住怖畏想，如人執劍，欲來害已。是故，阿羅漢不證出離、究竟安樂。

世尊，依不求依。如諸眾生，無有歸依，彼彼恐怖。爲安隱故，求於歸依。世尊，如是，阿羅漢有恐怖故，歸依如來。

是故，阿羅漢及辟支佛，生法有餘，梵行未立，所作未辦，當有所斷。未究竟故，去涅槃遠。

何以故？唯有如來、應、正等覺，證得涅槃，成就無量不可思議一切功德。所應斷者，皆悉已斷，究竟清淨，爲諸有情之所瞻仰，超過二乘、菩薩境界。阿羅漢等，則不如是，言得涅槃，佛之方便。是故，阿羅漢等，去涅槃遠。

世尊，說阿羅漢及辟支佛，觀察解脫四智，究竟得蘇息者，皆是如來隨他意語，不了義說。

何以故？有二種死，何等爲二？一者分段，二者變易。分段死者，謂相續有情；變易死者，謂阿羅漢及辟支佛、自在菩薩，隨意生身，乃至菩提。

二種死中，以分段死說阿羅漢及辟支佛，生於我生已盡之智。由能證得有餘果故，生於梵行已立之智。一切愚夫所不能作，七種學人未能成辦，相續煩惱究竟斷故，生於所作已辦之智。

世尊，說生不受後有智者，謂阿羅漢及辟支佛，不能斷於一切煩惱，不了一切受生之智。

何以故？是阿羅漢及辟支佛，有餘煩惱不斷盡故，不能了知一切受生。

煩惱有二，謂住地煩惱，及起煩惱。

住地有四，何等爲四？謂見一處住地、欲愛住地、色愛住地、有愛住地。

世尊，此四住地，能生一切遍起煩惱。起煩惱者，剎那剎那，與心相應。

世尊，無明住地，無始時來，心不相應。

世尊，四住地力，能作遍起煩惱所依，比無明地，算數譬喻所不能及。

世尊，如是無明住地，於有愛住地，其力最大。譬如魔王，色力威德及衆眷屬，蔽於他化自在諸天。如是無明住地，蔽四住地，過恆沙數煩惱所依，亦令四種煩惱久住。聲聞、獨覺智不能斷，唯有如來智所能斷。

世尊，如是，如是，無明住地其力最大。

世尊，如取爲緣，有漏業因，而生三有。如是無明住地爲緣，無漏業因，能生阿羅漢及辟支佛、大力菩薩隨意生身。此之三地，隨意生身，及無漏業，皆以無明住地爲所依處，彼雖有緣，亦能爲緣。

世尊，是故三種隨意生身，及無漏業，皆以無明住地爲緣。同於有愛。

世尊，有愛住地，不與無明住地業同，無明住地異四住地。異四住地，唯佛能斷。

何以故？阿羅漢、辟支佛，斷四住地，於漏盡力不得自在，不能現證。

何以故？世尊，言漏盡之增語。是故阿羅漢、辟支佛，及最後有諸菩薩等，爲無明地所覆蔽故，於彼彼法不知不見。以不知見於彼彼法，應斷不斷，應盡不盡。於彼彼法不斷不盡故，得有餘解脫，非一切解脫。得有餘清淨，非一切清淨。得有餘功德，非一切功德。

世尊，以得有餘解脫，非一切解脫，乃至有餘功德，非一切功德故。知有餘苦，斷有餘集，證有餘滅，修有餘道。」

爾時，勝鬘夫人復白佛言：「世尊，若復知有餘苦，斷有餘集，證有餘滅，修有餘道，是名少分滅度，證少分涅槃，向涅槃界。若知一切苦，斷一切集，證一切滅，修一切道，彼於無常敗壞世間，得證常寂清涼涅槃。世尊，彼於無護、無依世間，爲護、爲依。

何以故？於諸法中，見高下者，不證涅槃。智平等者，解脫等者，清淨等者，乃證涅槃。是故涅槃名等一味。

云何一味謂解脱？世尊，若無明地不斷、不盡，不得涅槃一味、等味。

何以故？無明住地不斷、不盡故，過恆沙等一切過法，應斷不斷，應盡不盡。過恆沙等一切過法，不斷、不盡故，過恆沙等諸功德法，不了、不證。是故無明住地，與於一切所應斷法、諸隨煩惱爲生處故，從於彼生障心煩惱、障止煩惱、障觀煩惱、障靜慮煩惱，如是乃至障三摩鉢底、加行智果、證力無畏。所有過恆沙等一切煩惱，如來菩提、佛金剛智之所能斷諸起煩惱，一切皆依無明住地。

無明住地爲因緣故。世尊，此起煩惱，刹那刹那與心相應。世尊，無明住地從無始來，心不相應。

世尊，若復過恆河沙如來菩提、佛金剛智所應斷法，一切皆是無明住地，依持建立。譬如一切種子、叢林，皆依大地之所生長。若地壞者，彼亦隨壞。

如是過恆沙等如來菩提、佛金剛智所應斷法，一切皆依無明住地之所生長。若彼無明住地斷者，過恆沙等如來菩提、佛金剛智所應斷法，皆亦隨斷。

如是過恆沙等所應斷法，一切煩惱及起煩惱，皆已斷故，便能證得過恆沙等不可思議諸佛之法。於一切法，而能證得無礙神通，得諸智見，離一切過，得諸功德，爲大法王，於法自在，證一切法自在之地，正師子吼。我生已盡，梵行已立，所作已辦，不受後有。是故，世尊，以師子吼，依於了義，一向記說。世尊，不受後有智有二種。何謂爲二？一者謂諸如來以調御力，摧伏四魔，超諸世間，一切有情之所瞻仰，證不思議清淨法身，於所知地得法自在，最勝無上，更無所作，不見更有所證之地。具足十力，登於最勝無畏之地。於一切法無礙觀察，正師子吼，不受後有。

二者謂阿羅漢及辟支佛，得度無量生死怖畏，受解脫樂。作如是念：我今已離生死怖畏，不受諸苦。世尊，阿羅漢、辟支佛如是觀察，謂不受後有，不證第一蘇息涅槃。彼等於未證地不遇法故，能自解了：我今證得有餘依地。決定當證阿耨多羅三藐三菩提。

何以故？聲聞、獨覺皆入大乘，而大乘者，即是佛乘。是故三乘即是一乘。證一乘者，得阿耨多羅三藐三菩提。阿耨多羅三藐三菩提者，即是涅槃。言涅槃者，即是如來清淨法身。證法身者，即是一乘。無異如來，無異法身。言如來者，即是法身。證究竟法身者，即究竟一乘。究竟一乘者，即離相續。

何以故？世尊，如來住時無有限量，等於後際。如來能以無限大悲、無限誓願，利益世間。作是說者，是名善說。

若復說言，如來是常、是無盡法，一切世間究竟依者，亦名善說。是故能於無護世間、無依世間，與等後際，作無盡歸依、常住歸依、究竟歸依者，謂如來、應、正等覺。

法者，是一乘道；僧者，是三乘眾。此二歸依，非究竟依。名少分依。

何以故？說一乘道，證究竟法身，於後更無說一乘道。三乘眾者，有恐怖故，歸依如來，求出修學。有所作故，向阿耨多羅三藐三菩提故，二依非究竟依，是有限依。

若諸有情，如來調伏，歸依如來，得法津潤。由信樂心，歸依於法，及比丘僧，是二歸依，由法津潤，信入歸依。如來者，非法津潤，信入歸依。言如來者，是眞實依。此二歸依，以眞實義，即名究竟歸依如來。

何以故？如來不異此二歸依，是故如來即三歸依。

何以故？說一乘道，如來最勝，具四無畏、正師子吼。若諸如來，隨彼所欲，而以方便，說於二乘即是大乘。以第一義無有二乘，二乘者同入一乘，一乘者即勝義乘。

世尊，聲聞、獨覺初證聖諦，非以一智斷諸住地，亦非一智證四遍知諸功德等，亦非以法能善了知此四法義。

世尊，於出世智，無有四智漸至、漸緣。

世尊，出世間智無漸至法，如金剛喻。

世尊，聲聞、獨覺，以於種種聖諦之智，斷諸住地，無有出世第一義智。唯有如來、應、正遍知，非諸聲聞、獨覺境界。以不思議空性之智，能破一切諸煩惱觳。

世尊，破煩惱觳，究竟之智，是名出世第一義智。初聖諦智非究竟智，是於趣向阿耨多羅三藐三菩提智。

世尊，眞聖義者，即非二乘。何以故？聲聞、獨覺唯能成就少分功德，名之爲聖。

世尊，言聖諦者，非諸聲聞、獨覺之諦，及彼功德。而此諦者，唯有如來、應、正等覺，初始了知，然後爲彼無明觳藏世間眾生，開示演說，故名聖諦。

世尊，此聖諦者，甚深微妙，難見難了，不可分別，非思量境。一切世間，所不能信。唯有如來、應、正等覺之所能知。

何以故？此說甚深如來之藏。如來藏者，是佛境界，非諸聲聞、獨覺所行。於如來藏說聖諦義，此如來藏甚深微妙，所說聖諦亦復深妙，難見難了，不可分別，非思量境，一切世間，所不能信。唯有如來、應、正等覺，之所能知。若於無量煩惱所纏如來之藏，不疑惑者，於出一切煩惱之藏，如來法身，亦無疑惑。

世尊，若有於此如來之藏，及佛法身，不可思議佛秘密境，心得究竟，於彼所說二聖諦義，能信、能了，能生勝解。

何等名爲二聖諦義？所謂有作，及以無作。

作聖諦者，是不圓滿四聖諦義。何以故？由他護故，而不能得知一切（苦），斷一切集，證一切滅，修一切道。是故不知有爲、無爲，及於涅槃。

世尊，無作諦者，是說圓滿四聖諦義。何以故？能自護故，知一切苦，斷一切集，證一切滅，修一切道。

如是所說八聖諦義，如來但以四聖諦說，於此無作四聖諦義，唯有如來、應、正等覺作事究竟，非阿羅漢及辟支佛力所能及。何以故？非諸勝劣下中上法能證涅槃。

云何如來於無作諦得事究竟？謂諸如來、應、正等覺，遍知諸苦，斷諸煩惱，及超（起）煩惱所攝苦集，能證一切意生身蘊所有苦滅，及修一切苦滅之道。

世尊，非壞法故，名爲苦滅。何以故？言苦滅者，無始無作，無起無盡，常住不動，本性清淨，出煩惱轂。

世尊，如來成就過於恆沙具解脫智，不思議法，說名法身。

世尊，如是法身，不離煩惱，名如來藏。

世尊，如來藏者，即是如來空性之智。如來藏者，一切聲聞、獨覺所未曾見，亦未曾得。唯佛了知，及能作證。

世尊，此如來藏空性之智，復有二種。

何等爲二？謂空如來藏，所謂離於不解脫智、一切煩惱。

世尊，不空如來藏，具過恆沙佛解脫智、不思議法。

世尊，此二空智，諸大聲聞由信能入。

世尊，如是一切聲聞、獨覺空性之智，於四倒境攀緣而轉，是故一切聲聞、獨覺，所未曾見，亦未曾證。一切苦滅，唯佛現證，壞諸煩惱，修苦滅道。

世尊，此四諦中，三諦無常，一諦是常。

何以故？如是三諦入有爲相。有爲相者，則是無常。言無常者，是破壞法。破壞法者，非諦、非常，非歸依處。是故三諦以第一義，非諦、非常，非歸依處。

世尊，一苦滅諦，離有爲相。離有爲相，則性常住。性常住者，非破壞法。非破壞者，是諦、是常，是歸依處。世尊，是故苦滅聖諦以勝義故，是諦、是常，是歸依處。

世尊，此苦滅諦，是不思議，過諸有情心識境界。亦非一切聲聞、獨覺智所能及。

譬如生盲，不見眾色；七日嬰兒，不見日輪。苦滅諦者，亦復如是，非諸凡夫心識所緣；亦非一切聲聞、獨覺智之境界。

凡夫識者，謂二邊見；一切聲聞、獨覺智者，名爲淨智。

言邊見者，於五取蘊，執著爲我，生異分別。

邊見有二。何者爲二？所謂常見，及以斷見。

世尊，若復有見生死無常，涅槃是常，非斷常見，是名正見。

何以故？諸計度者見身諸根，受者、思者，現法滅壞，於有相續不能了知，盲無慧目，起於斷見。於心相續，刹那滅壞，愚闇不了意識境界，起於常見。

世尊，然彼彼義，過諸分別，及下劣見，由諸愚夫妄生異想，顛倒執著，謂斷謂常。

世尊，顛倒有情，於五取蘊，無常常想，苦爲樂想，無我我想，不淨淨想。聲聞、獨覺所有淨智，於如來境，及佛法身，所未曾見。

或有衆生信如來故，於如來所，起於常想、樂想、我想，及於淨想，非顛倒見，即是正見。

何以故？如來法身是常波羅蜜、樂波羅蜜、我波羅蜜、淨波羅蜜。若諸有情作如是見，是名正見。若正見者，名眞佛子，從佛口生，從正法生，從法化生，得佛法分。

世尊，言淨智者，則是一切聲聞、獨覺智波羅蜜。此之淨智，於苦滅諦，尚非境界。況苦滅諦，是四入流智之所行。何以故？三乘初業，不愚法者，能於彼義當證、當了。

世尊，爲何義故，說四入流？世尊，此四入流是世間法。

世尊，能一入流，於諸入流爲最、爲上，以第一義是爲入流，是爲歸依，是苦滅諦。

世尊，生死者，依如來藏。以如來藏故，說前際不可了知。

世尊，有如來藏故，得有生死，是名善說。

世尊，生死者，諸受根滅，無間相續，未受根起，名爲生死。

世尊，生死二法，是如來藏，於世俗法，名爲生死。

世尊，死者諸受根滅，生者諸受根起。如來藏者，則不生不死，不昇不墜，離有爲相。

世尊，如來藏者，常恆不壞。

是故，世尊，如來藏者，與不離解脫智藏，是依、是持，是爲建立。亦與外離不解脫智諸有爲法，依持建立。

世尊，若無如來藏者，應無厭苦，樂求涅槃。

何以故？於此六識及以所知，如是七法，剎那不住、不受眾苦，不堪厭離，願求涅槃。如來藏者，無有前際，無生、無滅，法受諸苦。彼爲厭苦，願求涅槃。

世尊，如來藏者，非有我、人、眾生、壽者。如來藏者，身見有情、顛倒有情、空見有情，非所行境。

世尊，如來藏者，是法界藏，是法身藏，出世間藏，性清淨藏，此本性淨。如來藏者，如我所解，縱爲客塵煩惱所染，猶是不可思議如來境界。

何以故？世尊，剎那剎那善不善心，客塵煩惱所不能染。

何以故？煩惱不觸心，心不觸煩惱。

云何不觸法，而能得染心？世尊，由有煩惱、有隨染心，隨煩惱染，難解難了。唯佛世尊，爲眼、爲智、爲法根本、爲尊、爲正法依，如實知見。」

爾時，世尊歎勝鬘夫人言：「善哉，善哉，如汝所說。性清淨心隨煩惱染，難可了知。

復次，勝鬘，有二種法難可了知。何等爲二？謂性清淨心難可了知；彼心爲煩惱染，亦難了知。如此二法，汝及成就大法菩薩，乃能聽受。諸餘聲聞，由信能解。

勝鬘，若我弟子增上信者，隨順法智，於此法中，而得究竟。順法智者，觀根識境；觀察業報；觀羅漢眠；觀心自在，愛樂禪樂；觀聲聞、獨覺聖神變通。由成就此五善巧觀，現在、未來聲聞弟子，因增上信，隨順法智，善能解了性清淨心，煩惱所染，而得究竟。

勝鬘，是究竟者，爲大乘因。汝今當知，信如來者，於甚深法，不生誹謗。」

爾時，勝鬘夫人白佛言：「世尊，復有餘義，能多利益。我當承佛威神之力，演說斯事。」

佛言：「善哉，今恣汝說。」

勝鬘夫人言：「有三種善男子、善女人，於甚深法，離自毀傷，生多功德，入大乘道。

何等爲三？若善男子、善女人等，能自成就甚深法智；或有成就隨順法智；或有於此甚深法中，不能解了，仰推如來：唯佛所知，非我境界。

除此三種善男子、善女人已，諸餘有情，於甚深法，隨己所取，執著妄說，違背正法，習諸外道，腐敗種子。設在餘方，應往除滅。彼腐敗者，一切天人，應共摧伏。」

勝鬘夫人說是語已，與諸眷屬，頂禮佛足。時佛世尊讚言：「善哉，勝鬘，於甚深法，方便守護，降伏怨敵，善能通達，汝已親近百千俱胝諸佛如來，能說此義。」

爾時，世尊放勝光明，普照大眾。身昇虛空，高七多羅量。以神通力，足步虛空，還舍衛城。

時勝鬘夫人與諸眷屬，瞻仰世尊，目不暫捨。過眼境已，歡喜踴躍，遞共稱歎如來功德。一心念佛，還無鬥城，勸友稱王，建立大乘。

城中女人，七歲已上，化以大乘。友稱大王，亦以大乘，化諸男子。七歲已上，舉國人民，無不學者。

爾時，世尊入逝多林，告尊者阿難，及念天帝。時天帝釋，與諸眷屬，應念而至，住於佛前。

爾時，世尊告帝釋言：「憍尸迦，汝當受持此經，演說開示，為三十三天得安樂故。」

復告阿難：「汝亦受持，為諸四眾，分別演說。」

時天帝釋白佛言：「世尊，當何名斯經？云何奉持？」

佛告天帝：「此經成就無邊功德，一切聲聞、獨覺，力不能及，況餘有情。憍尸迦，當知此經甚深微妙，大功德聚。今當為汝，略說其名。諦聽，諦聽，善思念之。」

時天帝釋及尊者阿難白言：「善哉，世尊，唯然受教。」

佛言：「此經讚歎如來眞實功德，應如是持。說不思議十種弘誓，應如是持。以一大願，攝一切願，應如是持。說不思議攝受正法，應如是持。說入一乘，應如是持。說無邊諦，應如是持。說如來藏，應如是持。說佛法身，應如是持。說空性義隱覆眞實，應如是持。說一諦義，應如是持。說常住不動，寂靜一依，應如是持。說顚倒眞實，應如是持。說自性清淨心，煩惱隱覆，應如是持。說如來眞子，應如是持。說勝鬘夫人正師子吼，應如是持。

復次，憍尸迦，此經所說，斷一切疑，決定了義，入一乘道。憍尸迦，今以所說勝鬘夫人師子吼經，付囑於汝。乃至法住，於十方界，開示演說。」

天帝釋言：「善哉，世尊，唯然受教。時天帝釋、尊者阿難，及諸大會，天、人、阿修羅、健闥婆等，聞佛所說，皆大歡喜，信受奉行。」

# 大喜文化出版暢銷佛書

| 書系 | 書號 | 書名 | 編著者 | 流通費 | 數量 |
|---|---|---|---|---|---|
| 喚起 | WAKE UP02 | 小釋懷的快樂齋 | 釋懷 | 280 元 | |
| | WAKE UP03 | 在遊戲裡，禪修！每天 3 分鐘,五位大師教你新鮮有趣的創意靜心 | 噶瑪旺莫 | 320 元 | |
| | WAKE UP06 | 狼學：對自己要夠狠，讓你對未來無所畏懼的八個步驟 | 李維文 | 280 元 | |
| | WAKE UP08 | 那就這樣吧，挺好的：36 篇令你莞爾一笑的故事 | 自由極光 著 | 320 元 | |
| | WAKE UP09 | 簡單，才能開心 | 噶瑪旺莫 | 280 元 | |
| | WAKE UP10 | 轉運開心菩薩道：善財童子告訴你既得智慧也得富貴的秘密 | 寅虎 | 280 元 | |
| | WAKE UP11 | 天啊!我撞到了神 | 不加冰 | 280 元 | |
| | WAKE UP12 | 煩惱是我的老師:十七則小故事讓你學會放下的技巧 | 趙文竹 | 280 元 | |
| | WAKE UP22 | 親愛的，讓我們一起靜心吧 | 淼上源 | 320 元 | |
| | WAKE UP24 | 倉央嘉措詩歌裡所隱藏的秘義：從凡情中成就佛心 | 丹增偕樂 | 280 元 | |
| | WAKE UP27 | 菩提道次第廣論毗缽舍那 | 宗喀巴大師，釋能海 | 1300 元 | |
| | WAKE UP28 | 真實的力量：回歸涅槃之路 | 伊爾曼莎．愛芬迪 | 320 元 | |
| 洗歡書坊 | 淡活自在 02 | 不執著的幸福 | 淨明 | 250 元 | |
| | 淡活智在 04 | 遇見，最真實的自己：找回被遺忘的愛與喜 | 楊宗樺 | 280 元 | |
| | 淡活智在 05 | 道德經的科學觀：以當代科學知識發掘老子思想的奧秘 | 孔正、王玉英 | 499 元 | |
| | 淡活智在 06 | 一次讀懂梁皇寶懺:輕鬆了解梁皇寶懺解冤的秘密 | 妙翎兒 | 800 元 | |
| | 淡活智在 07 | 求佛不如低頭見佛:小沙彌從生活體悟佛理的六十一則故事 | 釋懷 | 280 元 | |
| | 淡活智在 08 | 我在山中遇見禪師 | 淨明 | 280 元 | |
| | 淡活智在 09 | 重開機：關掉情緒開關，找回無所求的心 | 王國華 | 280 元 | |
| | 淡活智在 10 | 不要理他的智慧：看清真相、不再動怒的禪修原則 | 淨明 | 240 元 | |
| | 淡活智在 11 | 六祖壇經輕鬆讀：暗夜烏鴉 | 蕭振士 | 280 元 | |
| | 淡活智在 12 | 心經．金剛經輕鬆讀：光照江洋 | 蕭振士 | 280 元 | |
| 佛法小冊 | 佛法小冊 01 | 稻盛和夫的商聖之路:用佛陀的智慧把破產企業變成世界五百強 | 王紫蘆 | 320 元 | |
| | 佛法小冊 02 | 賈伯斯的蘋果禪：用佛陀的智慧打造 9,000 億美元的企業 | 王紫蘆 | 280 元 | |
| 法眼 | 法眼 01 | 台灣報應奇譚:看到現世報的三十一則故事 | 賴樹明 | 280 元 | |
| | 法眼 02 | 當法律無法帶來正義：那些被判無罪的敗類如何得到應有的報應 | 賴樹明 | 280 元 | |

備註：購書前請先確認是否有庫存。

國家圖書館出版品預行編目(CIP)資料

勝鬘經輕鬆讀／ 蕭振士著. -- 初版. -- 新北市
: 大喜文化,2018.11
面； 公分. --（淡活智在；13）
ISBN 978-986-96463-3-8(平裝)
1.方等部

221.32 107017842

淡活智在13

勝鬘經輕鬆讀

作　　者　蕭振士
編　　輯　鄧琪潔
發 行 人　梁崇明
出 版 者　大喜文化有限公司
登 記 證　行政院新聞局局版台省業字第 244 號
P.O.BOX　中和市郵政第 2-193 號信箱
發 行 處　新北市中和區板南路 498 號 7 樓之 2
電　　話　（02）2223-1391
傳　　真　（02）2223-1077
E-mail　joy131499@gmail.com
銀行匯款　銀行代號：050，帳號：002-120-348-27
　　　　　臺灣企銀，帳戶：大喜文化有限公司
劃撥帳號　5023-2915，帳戶：大喜文化有限公司
總經銷商　聯合發行股份有限公司
地　　址　231 新北市新店區寶橋路 235 巷 6 弄 6 號 2 樓
電　　話　（02）2917-8022
傳　　真　（02）2915-7212
初　　版　西元 2018 年 11 月
流 通 費　新台幣 260 元
網　　址　www.facebook.com/joy131499